连山 著

分寸

的学问

成都地图出版社

图书在版编目（CIP）数据

分寸的学问 / 连山著. -- 成都：成都地图出版社
有限公司，2024. 10. -- ISBN 978-7-5557-2626-5

Ⅰ. C912.11-49

中国国家版本馆 CIP 数据核字第 2024D53B32 号

分寸的学问
FENCUN DE XUEWEN

著　　者：连　山
责任编辑：杨雪梅
封面设计：韩　立
出版发行：成都地图出版社有限公司
地　　址：成都市龙泉驿区建设路 2 号
邮政编码：610100
印　　刷：大厂回族自治县益利印刷有限公司
开　　本：880mm×1230mm　1/32
印　　张：6
字　　数：130 千字
版　　次：2024 年 10 月第 1 版
印　　次：2024 年 10 月第 1 次印刷
书　　号：ISBN 978-7-5557-2626-5
定　　价：38.00 元

前 言
PREFACE

中国人一直很讲究"度"，常说的"过犹不及"就是这个意思。多了少了都不好，所以说万事须讲"度"。一根直肠子不可取，急于求成事不成；心慌难择路，欲速则不达；过分之事，虽有利而不为，分内之事，虽无利而为之，这就是"度"。"度"其实就是分寸，分寸是人生当中最难把握的两个字。分寸是人的天分与修养经过内心的沉淀，形成的对人和事物的合理认可度。待人接物、处世做人、成就事业都离不开分寸。做人做事恰到好处，是人生一大学问。把握做人的分寸，掌握做事的尺度，日积月累，在一分一寸中叠加起人生的高度。

有分寸的人，不会只顾及自己的面子。他们拥有一颗爱人的心，懂得付出，懂得体贴，懂得为他人着想。只有懂得了从他人的角度考虑问题，我们才能更多地理解他人、珍惜他人，让他人对我们真诚以待。

有分寸的人知道弯曲也是一种人生境界。生活的苦痛总是阻碍我们前进的脚步，如果我们不懂得忍让，不懂得用"弯曲"的手段保护自己，小觑或无视生活有意或无意设置的低矮"门槛"，那么等待我们的就只有头破血流。

如何拿捏好做人做事的分寸是我们每一个人一生中必须面对的难题。现实生活中，很多人就因为会做人做事而赢得了他人的尊重和社会的认可，促进了自己事业的发展。因此，分寸是一门大学问，一个人如果不懂得如何做人做事，那么他做任何事都算不上是成功的。

人生有度，误在失度，坏在过度，好在适度。我们不说过头话，不办过头事，把握好做人做事的分寸与尺度，才能悦人悦己、进退自如。掌握人生的分寸于我们每个人都有着至关重要的意义，我们不妨开卷细读，于世事沉浮中感悟充满分寸感的处世哲学。但愿本书能成为你人生路上的良师益友，为你解惑释疑、指点迷津。

目 录
CONTENTS

第五章 社交的分寸：得体的礼仪彰显魅力

第六章　办事的分寸：高手如何把事办得成功、漂亮

第七章　拒绝的分寸：用委婉的语气说"不"

第八章 职场的分寸：不可不知的职场基本功

第一章

分寸：
做人做事恰到好处

做一个有分寸感的人

人们在社交中需要分清主次，有轻有重，不可能平均用力，等量齐观。有分寸感的人做事，在保证"重点"的时候，绝不会忽略"一般"，也绝不会让亲疏关系带上尊卑功利的色彩。

在生活中，人们都讨厌势利眼，而势利眼很难有真诚和真心的朋友。在与人相处时，我们不要过分地亲近或疏远任何人；既不要过于亲近比我们有权势的人，也不要过于疏远那些无权无势的人。尽管每个人的社会角色和社会地位不同，但每个人都应该受到尊重，每个人维护面子的心理需求是一致的。如果我们忘记这一事实，对"重要人物"谦卑有加，而对"无名小卒"毫不在意，我们就会刺伤后者的自尊，导致他们远离我们，这样的代价是不值得的。

有这样一场饭局，饭局上坐着男主人、男主人单位的领导以及几位同事，圆桌上的酒菜已经摆得非常丰富了，可是围着花布裙的女主人还是一个劲地上菜，嘴上直对领导说："没有什么好吃的，请您对付着吃点！"男主人则站起来，把领导面前吃得半空的菜盘撤掉，接过热菜又放在领导面前，并且还热情地给领导夹菜、添酒。而对其他同事，男主人则只是敷衍地说了声"请"。

面对这样"尊卑有别"的对待，试想男主人的几位同事将作何感想。即便他们不觉得难堪，也会觉得主人对他们的态度不同。也许未等饭局结束，有些同事就"有事"告辞了。

像这样的饭局，男主人眼里只有领导，而怠慢同事，使同事们的自尊心和面子受到伤害，非但不能增进彼此间的关系，反而会造成心理隔阂。我们稍作权衡就会发现，如此尊卑有别的待客之道实属不智之举。

八面玲珑的人，不会过分亲近权势大的、疏远权势小的，而是两者取其中，"公事公办"，不搞拉拉扯扯那一套，也不会把精力和心思花费在研究某某人的背景之上。

以权势决定关系亲疏，实则亲一时而疏一世，这样"套"来的亲，是不会长久的。因为权势本身就不是永恒的，而是无常的，那么以此为筹码的亲疏关系一定不会长远，这是必然的。真正做到不以权势为标准来决定亲疏远近，十分了不起，那是真正参透了、想开了，才是练达为人之道。

汉代有个人叫朱晖，他清廉又重义。他在读书的时候偶然结识了官员张堪，张堪恰又是他的同乡。张堪很器重他，朱晖因为自己只是一个太学生，不敢与之来往太密。有一次，张堪对朱晖说："你是一个值得信赖的自持的人，倘若我哪天离开人世，我想将我的妻儿托付于你。"因为张堪是一位德高望重的前辈，朱晖对此重言不知道做什么反应，只好恭敬地拱手相应。后来，张堪去世了，身后没有留下什么丰厚遗产。此时朱晖早已与张堪无甚交往，但闻讯之后，因感于张堪的知遇之恩，朱晖千方百计地给张堪的家人济以钱粮，并前去嘘寒问暖。朱晖的儿子对他说："父亲，我们以前并不曾听说您与张堪有什么厚交，您为何如此善待他的家人？"朱晖回答说："张堪生前曾对我有知己相托之言，我当时已有备于心。做人不能分其尊卑欺骗别人，更不能欺骗自己。"

又比如，你去某单位办事，恰巧遇见了三个都认识又都好久未见的人，其中一个正是自己办事要求助的对象，此时你该怎么对待呢？是抓住这人点头哈腰，无暇顾及其余人，还是逐个关照，热情寒暄一番，然后和其他人说明情况，保证重点？这就是一个技巧问题。

当今社会，在人际交往中流行一句口头禅，即"好使不"，也就是"有用吗"的意思。对于有权势的人，有用、好使则亲；对于无权势的人，没用、不好使则疏远。这里的"好使""不好使"和权势有着密切联系。趋炎附势者，都想直接从有权势者那里获取功利。"好使"则亲，完全是急功近利、实用主义，人们议论某人实用主义作风，往往说他交友时"尽拣有用的交"。善于广交朋友，这是好事，说明此人情商很高，说话有分寸。但专拣有权的、有用的人交朋友，不与那些无权无势的人相交，与"好使"者亲，与"不好使者"疏远，这就势必在亲情、友情、人情等中夹杂了功利目的。假如人际关系中专以"好使"论亲疏，最终必然会导致社会关系畸形发展。摒弃势利的为人之道，须以不尊不卑的姿态与他人和谐相处。

过犹不及，恰到好处才是最好

水满了就会溢出来；事情做过头了，就和没有做一样。因此，一个人无论做什么事，都要恰到好处。

有一回，孔子带领学生在鲁桓公庙参观，看到一种特别容易倾斜、翻倒的器物。孔子围着它转了好几圈，左看看，右看看，还用手触摸、转动，却始终拿不准它究竟是干什么用的。于是，孔子就问守庙的人："这是什么器物？"

守庙的人回答说："这是君王放在座位右边警戒自己的器皿。"

孔子恍然大悟，说："我听说过这种器物。它什么也不装时就倾斜，装物适量就端端正正，装满了就会翻倒。君王把它当作自己的警戒物，所以总放在座位旁边。"

孔子回头对他的学生说："把水倒进去，试验一下。"

孔子的学生去取了水，慢慢地往里倒。刚倒入一点儿水，它还是倾斜的；倒入适量的水时，它就端立；装满水时，它就翻倒了，水都洒了出来，而器皿又恢复倾斜状态。孔子慨叹道："唉，哪有装满了却不倒的东西呢！"

子路走上前去，说："请问先生，有保持满而不倒的方法吗？"

孔子说："聪明睿智，用愚笨来调节；功盖天下，用退让来调节；威猛无比，用怯弱来调节；富甲四海，用谦恭来调节。这就是损抑过分，达到适中状态的方法。"

子路听得连连点头，接着又问道："古时候的帝王除了在座位旁边放置这种器皿警示自己外，还采取什么措施来防止自己的行为过火呢？"

孔子说："上天生了老百姓又定下他们的国君，让国君管理老百姓，不让他们失去天性。有了国君，又为国君安排了辅佐的人，让辅佐的人教导、保护他，不让他做事过分。因此，天子有公，诸侯有卿，卿设置侧室之官，大夫有副手，士人有朋友，平民、工、商，乃至干杂役的皂隶、放牛马的牧童，都有亲近的人来相互辅佐。有功劳就奖赏，有错误就纠正，有患难就救援，有过失就改正。自天子以下，人各有父兄子弟，来观察、补救他的得失。太史记载史册，乐师写作诗歌，乐工诵读箴谏，大夫规劝开导，士传话，平民提建议，商人在市场上议论，工匠呈献技艺。各种身份的人用不同的方式进行劝谏，从而使国君不敢任意妄为，放纵邪恶。"

子路又问："先生，您能不能举个具体的事例？"

孔子回答道："卫武公就是最典型的一个人物。他95岁时，曾对全国下令：'从卿以下的各级官吏，只要是拿着国家的俸禄、正在官位上的，不要认为我昏庸老朽就丢开我不管，一定要不断地训诫、开导我。我乘车时，旁边的护卫应规劝我；我在朝堂上时，应让我看前代的典章制度；我伏案工作时，应设置座右铭来提醒我；我在寝宫休息时，左右侍从应告诫我；我处理政务时，应有瞽、史开导我；我闲居无事时，应让我听听百工的讽谏。'他时常用这些话来警醒自己，使自己的言行不至于走极端。"

孔子还曾在评论学生的一段话中谈到如何把握处世的度的问题。

子张和子夏都是孔子的得意弟子。

有一次，子贡在跟孔子谈论师兄弟们的性格及优劣时，向孔子提了个问题："先生，子张与子夏两人，哪一个更好些呢？"

孔子想了一会儿，说："子张过头了，子夏没有达到标准。"

过头了和没有达到标准是一样的，都是没有掌握好分寸的表现。因此，我们要注意调节自己，使自己的一言一行能够恰到好处，既不要过多，也不要达不到标准。

出头，出头，不要出过头

溪涧把自己放低，才能得到一脉流水；人把自己放低，才能吸纳别人的智慧和经验。

现实生活中存在着这样一些自视颇高的人，他们锋芒毕露，处世不留余地，咄咄逼人。他们虽然有充沛的精力、饱满的热情、出众的才能，但是往往在人生旅途中屡遭挫折。这其中的重要原因之一就是过于出头，而没能将自己本身具备的才华发挥出来。

有一位被分配到某工厂的大学生，从下车间开始，他就这也看不惯，那也看不顺。未到一个月，他便给领导递交了一份洋洋万言意见书，上至领导的工作作风与方法，下至职工的福利，他都一一列出了存在的问题与弊端，提出了周详的改进建议。由此，他被工厂的某些掌握实权的领导视为狂妄、骄傲的偏执狂，不仅没有采纳他的建议，还借别的理由将他辞退。

该大学生作为锋芒毕露的典型，在新的人际关系圈子中未能处理好包括上下级关系在内的各种关系，加上又不讲究策略与方式，结果不仅妨碍了个人才能的发挥，还招来了嫉妒和排斥。

每个人都希望自己可以出人头地，但是这条出头之路不能走得太急躁。很多人刚受到一些表扬，就以为自己马上可以名扬天下，但结果却相反，人们还是逐渐遗忘了他。

一年夏天，一位乡下小伙子登门拜访年事已高的爱默生。小伙子自称是一个诗歌爱好者，从 7 岁起就开始进行诗歌创作，但由于地处偏僻的乡村，他一直得不到名师的指点，因仰慕爱默生的大名，故千里迢迢前来寻求文学上的指导。

这位青年诗人虽然出身贫寒，但谈吐优雅，气度不凡。老少两位诗人谈得非常融洽，爱默生对他非常欣赏。

临走时，青年诗人留下了几页诗稿。

爱默生读了这几页诗稿后，认定这位乡下小伙子在文学上将会前途无量，决定凭借自己在文学界的影响大力提携他。

爱默生将那些诗稿推荐给文学刊物发表，但发表后反响不大。他希望这位青年诗人继续将自己的作品寄给他。于是，老少两位诗人开始了频繁的书信往来。

青年诗人的来信长达几页，他在信中大谈特谈文学问题，字里行间表现出他激情洋溢、才思敏捷，是个天才诗人。爱默生对他的才华大为赞赏，在与友人的交谈中经常提起这位青年诗人。青年诗人很快就在文坛有了一点小小的名气。

但是，这位青年诗人此后再也没有给爱默生寄诗稿来，信却越写越长，奇思异想层出不穷，言语中开始以著名诗人自居，语气越来越傲慢。

爱默生开始感到不安。凭着对人性的深刻洞察，他发现这位年轻人身上出现了一种危险的倾向。

爱默生写信邀请这位青年诗人前来参加一个文学聚会。他如期而至。在爱默生的书房里，两人有一番对话：

"后来为什么不给我寄稿子了？"

"我在写一部长篇史诗。"

"你的抒情诗写得很出色，为什么要中断呢？"

"要成为大诗人就必须写长篇史诗，小打小闹是毫无意义的。"

在文学聚会上，这位被爱默生所欣赏的青年诗人大出风头。他逢人便谈论他的伟大作品，表现得才华横溢、锋芒毕露。虽然谁也没有拜读过他的大作，即便是他那几首由爱默生推荐发表的小诗也很少有人读过，但几乎每个人都认为这位年轻人必将成大器。否则，大作家爱默生能如此欣赏他吗？

青年诗人继续给爱默生写信，但从不提起他的伟大作品。信越写越短，语气也越来越沮丧。直到有一天，他终于在信中承认，长时间以来他什么都没写。以前所谓的长篇史诗根本就是子虚乌有之事，完全是他的空想。

他在信中写道："很久以来我就渴望成为大作家，周围所有的人都认为我是个有才华、有前途的人，我自己也这么认为。我曾经写过一些诗，并有幸获得了阁下的赞赏，我深感荣幸。使我深感苦恼的是，自此以后，我再也写不出任何东西了。我认为自己是个大诗人，必须写出伟大的作品。在现实中，我对自己深感鄙弃，因为我浪费了自己的才华，再也写不出作品了。而在想象中，我是个大诗人，已经写出了传世之作，已经登上了诗歌的王位。尊敬的阁下，请您原谅我这个狂妄无知的乡下小子……"

这个年轻人就是急于出头、缺乏耐心的典型。虽然开始时他有超出一般人的才华，但稍微受到赞扬，他就急切地以为自己可以和大人物相提并论，忽视了出头要走的基本道路。要想登上胜利的巅峰，急躁是要不得的，所有的成功都需要自己一步一个脚印的努力，否则胜利只会存在于想象之中。

拿捏最好的人际距离

人与人之间应该保持一定的距离。因为我们每个人都像一只刺猬，靠得太近就会刺伤对方，所以我们不妨给对方一个私人空间，这也是自我保护的一种方式。

所谓私人空间，是指环绕在人体四周的一个抽象范围，用眼睛没有办法看清它的界限，但它确确实实存在，而且不容他人侵犯。在拥挤的车厢或电梯内，我们总会在意他人与自己的距离。当别人过于接近我们时，我们就会通过调整自己的位置来躲避这种接近的不快感。但是，当狭小的空间里挤满了人而无法改变时，我们就只能以对其他人漠不关心的态度来忍受心中的不快，所以此时的我们看上去神情木然。

一位心理学家做过这样一个实验。在一个刚刚开门的阅览室里，当里面只有一位读者时，心理学家就进去坐在他（她）的旁边。实验进行了整整 80 次。结果表明，在一个只有两位读者的空旷的阅览室里，没有一位被试者能够忍受一个陌生人紧挨自己坐下。当心理学家坐在他们身边时，被试者不知道这是在做实验，多数人会很快默默地离开，到别处坐下。有些人则干脆明确表示："你想干什么？"这就说明，人们不管走到哪里，私人空间的意识永远都存在。

交往中与人保持一定的距离似乎是人人都知道的道理，可最佳的距离到底是多少，恐怕知道的人就不多了。

最佳距离首先取决于交往的对象是谁。美国人类学家爱德华·霍尔在《无声的语言》中，制订了一个人际心理距离与空间距离相对应的尺度，用四个区域来表示：

1. 亲密区

距离为 0~46 厘米。这个区域属于家庭成员、莫逆之交等最亲密的人。在这个区域内，彼此之间可以互相接触，能嗅到各自身上发出的气味，说话一般轻声细语。不属于亲密区的人若进入这个区域，就会遭到排斥。

2. 熟人区

距离为 46 ～ 122 厘米。老同学、老同事、关系融洽的邻居之间的距离就属于这个距离。当我们向别人吐露心声时，差不多总在这个距离内。这个区域的话题可以或多或少地涉及机密，而且统统是个人的或与双方有关的事宜。

3. 社交区

距离为 122 ～ 366 厘米，分两个层次：一是 122 ～ 210 厘米。如在办公室里，一起共事的人总是保持这个距离进行一般性交谈，分享与个人无关的信息。二是 210 ～ 366 厘米。如正式会谈时，人们一般都保持这个距离。这个距离内目光的接触比交谈更重要，没有目光的接触，交谈的一方会感到被排斥在外，也许会导致交谈中断。进入这个区域的人彼此相识，但不熟悉，交谈内容多半是事务性的，不含感情成分。

4. 公共区

距离在 366 厘米以上，完全超出了可与他人进行深入交流的范围。演讲者与听众、非正式场合的人之间极为生硬的交谈都保持着这个距离。

一个人的个人空间就像一个气球，它紧紧地跟随着他，在不同的环境下会扩大或缩小。在高峰时段的公共汽车里，如果一个人坐在双人座上，即使他的身体几乎与旁边那个人的身体接触，那个人也是不会走开的。如果这种情况发生在公园、阅览室等地方，那人早就自觉起身离开了。从中可见，一个人的个人空间范围是会变动的。

此外，最佳距离还与交往者的文化背景有关。比如，如果你与一名美国人交谈，距离就要稍远一些，否则他会觉得你不友好；如果与一名阿拉伯人交谈，距离就要稍近一些，否则他也会觉得你不友好，可能会出现他不断向你靠近以示友好，而你则不断后退的有趣场面。

另外，心理学家还发现了如下规律：在同样亲密关系的情况下，性格内向的人比性格外向的人与人保持的距离远些；两名女性谈话总比两名男性谈话挨得更近些；异性谈话比同性谈话相距远一点。知道了最佳距离，将其合理运用，就会收到意想不到的交往效果。

第二章

说话的分寸：
怎么说比说什么更重要

多说"我们"，少说"我"

一家公司招聘员工，最后要从三个应聘人员中选出两个。他们给出了这样一道题目：

假如你们三个人一起驾车去沙漠探险，在返回的途中，车子抛锚了。此时，你们只能步行返回，且每人只能选择四样物品随身携带。可选择的物品有镜子、刀、帐篷、水、火柴、绳子、指南针。物品数量均为一，其中，帐篷只能住两个人，你会选什么？

甲选的是刀、帐篷、水、火柴。

面试经理问他为什么第一个就要选刀，甲说："害人之心不可有，防人之心不可无。帐篷只够两个人睡，水只有一瓶，万一有人为了争夺生存机会想害我呢？所以，我首先把刀拿到手，也就等于把主动权抓到了手中。"

乙和丙选择的四样物品为水、帐篷、指南针、绳子。

乙解释说："水是必需品，虽然不多，但可以省着点喝，相信能够使三个人一起坚持到最后；帐篷虽然只能容纳两个人，但是可以三个人轮换着来休息；指南针也是路上必不可少的；

而绳子可以把三个人绑在一起，这样在风沙很大、看不见物的时候，队伍就不会走散了。"丙给出的解释与乙大致相同。

最后，甲被淘汰出局。

有位心理学家曾经做过一项有趣的实验。他让同一个人分别扮演专制型、放任型与民主型三种不同类型的领导者，而后调查其他人对这三类领导者的观感。

结果发现，采用民主型方式的领导者的团结意识最为强烈。同时，研究结果也指出，民主型的领导者使用"我们"这个名词的次数也最多。

事实上，我们在听演讲时，演讲者说"我认为……"带给我们的感受，远不如他采用"我们……"这种说法带给我们的感受，因为说"我们"可以让人产生团结意识。

小孩子常会说"我的""我要"等词语，这是自我意识强烈的表现。在小孩子的世界里或许无关紧要，但若长大成人以后仍然如此，就会给人自我意识太强的负面印象，人际关系也会因此受到影响。

人的心理是很奇妙的，同样的事往往会因说话的态度不同，而给人完全不同的感觉。因此，善用"我们"来制造彼此间的共同意识，对促进我们的人际关系将会有很大的帮助。

"我没有做什么，同事们和我一样战斗在工作第一线，领导更是起了带头作用，为我们做出了榜样。所以今天公司给我的荣誉，我觉得不能归于我一人，功劳是大家的。"在一些表彰会上，经常可以听到这样的发言。其实这些话多半言不由衷，因为工作本来就是一个人干的，但是把"我"说成"我们"，一来显得自己谦虚，二来让领导和同事们听着都很舒服。

如果一个人过分强调自己，什么事都抢着去干，或者什么功劳都揽到自己头上，什么过错都推给别人，那这个人很可能就要倒霉了，除非他是团队中的头号人物。所谓"枪打出头鸟"就是这个道理，所以尽管自己干了很多，苦劳都是自己的，但还是要把功劳分给大家。

这样做短期内可能会让你觉得很不公平，但逐渐地，你在别人心中的地位就会提高。同事的眼睛是雪亮的，领导更是眼明心亮，只要你不抢他的风头，时间长了肯定有你的好处。

说"我们"跟"我"的差别，其实就是是否能让听者心里高兴。说"我们"，听者心里高兴，对自己有好处；说"我"，听者心里不高兴，对自己没什么好处。既然这样，聪明的人就应该多说"我们"少说"我"。

那么是不是不能说"我"呢？当然不是，只是要把握好时机。平时积累了很多人情资本，在关键时刻勇敢地把"我"说出来，等于是量变到质变的飞跃，会取得让人满意的结果。

用谦虚的话和别人打交道

中国人自古以来视谦虚为美德，因此不谦虚的人很难获得大家的一致认同。为人处世，多数时候还是谦虚一些为好，尤其是要用谦虚的态度与人打交道。如何做到谦虚地为人处世呢？

首先，不要目空一切、居功自傲。

有的人做出一点成绩、取得一点进步，就飘飘然起来，跟谁说话都趾高气扬，到处夸耀自己，搞得大家都为之侧目。

小杨是一家广告公司的职员，他设计的一件平面广告作品获得了一项大奖，经理在员工会上好好地表扬了他一番，并让他升任主管。小杨认为自己是个人物了，从此便以"专家"自居。一次，经理设计了一件平面广告作品，请小杨来点评点评。小杨唾沫飞溅地说了半个小时，把经理批评得体无完肤，最后的结论是应该返工重来。经理本来对自己的设计比较满意，听了小杨的话后极不高兴。

又过了两年，公司里另一个职员小石也获得了广告大奖。他吸取了小杨的教训，说话非常谦虚，态度非常和善，很得大家喜欢。

其次，要适当使用敬语。

敬语能表现说话者对对方的态度，因此，对听话者来说，可以根据对方是否使用敬语，了解到对方把自己置于什么位置。例如，某经理想请新职员去喝酒，便说："小X，你也来吧！"如果该职员回答"好，去"会怎样呢？经理会认为该职员不尊重自己，看低自己，内心是非常介意的。这样一来，经理就会用另一种眼光看他。由于没有使用敬语，对方改变了对自己的态度，以致日后交往中的关系可能变得很微妙。

我们常常听到有人说"现在的年轻人说话连敬语都不用，真可气"。其实，这样的年轻人并没有恶意，只是他们没有使用适当、确切的敬语，才致使人与人之间产生了隔阂。

与其相反，使用适当、确切的敬语，双方不仅能保持正常的人际关系，还会提高别人对你的评价。有人说："适当的时候使用适当的敬语，是语言之美的至高境界。"

员工对上司抱有什么态度，从语言中大体可以听出来。敬语的运用，可以协调上级与下级、长辈与晚辈之间的关系，使听的人感到愉悦，因为那种语言会使人感觉到说话者有教养。

最后，要请人评判自己的意见。

我们可以看到，有许多真正伟大的人物，总是很谦虚地请别人评判自己的意见，因而获得别人的赞同。以谦虚的态度表达独特的见解，对使别人信任我们的意见及计划都很有用，多数成功人士常常运用这个策略。

但有的时候也需要争辩。比如，两个喜欢辩论的朋友，一次辩论也许对双方来说都是有益而愉快的。别人可能在某些方面与我们意见不一致，这是可以预料的事情，但如果我们和他争辩之后，还能请他来评判一下自己的意见，那么他就会认为我们是谦虚的人，从而对我们的印象更为良好。

人们都喜欢态度谦虚、和善的人，讨厌态度傲慢、蛮横的人。如果想得到别人的喜欢，谦虚的态度必不可少。不目空一切、居功自傲，适当使用敬语，请别人评判自己的意见，这是保持谦虚态度的基本要求，做到了，也就能讨得别人的喜欢。

用模糊的语言说尖锐的话

对于一些比较尖锐的话题，我们最好使用模糊的语言，给对方一个模糊的建议，或者多用"好像""可能""看来""大概"之类的词语，这样会显得语气委婉，说话留有余地。

在一些场合，尤其是一些比较正式的场合，我们可能经常会碰到一些尖锐的问题，这些问题不能直接、具体地回答，但又不能不回答。这时候，我们就可以巧妙地用模糊的语言表达自己的意见，让双方都不会感到太难堪。

阿根廷著名的足球明星马拉多纳所在的球队在与英格兰队比赛时，他踢进了一个颇有争议的"问题球"。一位记者曾拍到他用手把球打进英格兰球门的镜头。

当记者问马拉多纳那个球是手球还是头球时，马拉多纳意识到倘若直言不讳地承认那是手球，那对裁判来说简直无异于"恩将仇报"（按照足球运动惯例，裁判当场判决之后，判决结果不能更改），而如果不承认，又有失"世界最佳球员"的风度。

马拉多纳是怎么回答的呢？他说："球是借助一点马拉多纳的头和一点上帝之手才进的门。"这妙不可言的"一点"与"一点"，等于既承认球是他用手打进去的，又维护了裁判的权威。

用模糊的语言回答尖锐的问题是一种智慧，它一般通过用伸缩性大、变通性强、语义不明确的词语来化解矛盾，从而摆脱被动局面。

一个年轻的小伙子陪着怀孕的妻子和丈母娘在湖上划船。丈母娘有意试探小伙子，就问道："如果我和你老婆不小心一起掉进水里，你打算先救哪个呢？"这是一个老问题，也是一个两难的问题，回答先救哪一个都不妥当。小伙子稍加思索后回答道："我先救妈妈。"母女俩一听哈哈大笑，脸上都露出了满意的笑容。这里的"妈妈"一词一语双关，所以皆大欢喜。

我们在看新闻、文件或公报的时候，常常觉得它们平淡无味。其实这些新闻、文件、公报中往往蕴含着非常尖锐的意思，只是用了一些模糊化的词语，让它们显得"平淡"了一些而已。比如，我们经常听到或看到"双方进行了坦率的会谈"这样的表述，这个"坦率"的意思就是双方有很多分歧，且分歧非常大；再比如"应当促进双方的交流"，隐藏的意思就是双方的共识太少，彼此之间有比较深的成见。这些模糊化的语言既达到了说明问题的目的，又起到了淡化矛盾的作用。

客气地与人说话

与人说话，尤其是与长辈、老师、领导等说话，一定要客气，这是最起码的尊重，否则会招致尴尬。

从前，有个县官带领随从骑马到王庄去处理公务。他们走到一个岔道口时，不知朝哪边走了。正巧一个老农扛着锄头迎面走来，于是他们之间进行了如下对话。

县官（骑在马上神气十足）：喂，老头儿，到王庄怎么走？

老农头也不回，只顾赶路。

县官（不悦，大吼）：喂！老头儿，问你呢，没长耳朵？

老农（停下）：我没有时间回答你，我要去李庄看件稀奇事！

县官（非常好奇）：什么稀奇事？

老农（语气平常）：李庄有匹马下了头牛。

县官：真的？马怎么会下牛呢？

老农（手捋胡子）：世上的稀奇事多哩，我怎么知道那畜生为什么不下马呢？

还有一个类似的故事。

从前，有个年轻人骑马赶路，忽见一位老汉从他面前路过。他在马上高声喊道："喂！老头儿，这里离客栈还有多远？"老汉回答道："五里。"年轻人策马飞奔，急忙赶路去了。结果他一气跑了十多里，也不见人烟。他暗想："这老头儿真可恶，说谎话骗人，我非得回去教训他一下不可。"他一边想着，一边自言自语道："五里，五里，什么五里！"他猛然醒悟过来了，这"五里"不是"无礼"的谐音吗？于是年轻人掉转马头往回赶，追上了那位老汉。年轻人急忙翻身下马，恭敬地叫道："老人家！"话没说完，老汉便说："客栈已走过了，公子如不嫌弃，可到我家一住。"

这两则流传很广的故事，明白地告诉我们尊重在人际交往过程中的重要性。粗鲁的言行与得体的举止将产生截然相反的交际效果。在值得尊敬的人面前说话，尊重与不尊重，结果的对比是十分鲜明的。请看这样一个例子。

22个即将毕业的大学生被导师带到某实验室里参观。全体学生坐在会议室里等待实验室主任的到来，这时有助手来给大家倒水。同学们表情木讷地看着她忙活，其中一个还问了句："有绿茶吗？大热天的，口渴死了。"助手回答说："抱歉，绿茶刚刚用完了。"有一个名叫李悦的学生看在眼里，心里嘀咕："人家给你倒水，你还挑三拣四的。"轮到他时，他轻声说："谢谢，天很热，您辛苦了。"助手抬头看了他一眼。虽然这是一句很平常的话，却是她今天听到的唯一一句客气话。

门开了，主任走进来和大家打招呼，可不知怎么回事，会议室里静悄悄的，没有一个人回应。李悦左右看了看，犹豫地鼓了几下掌，同学们这才稀稀落落地跟着拍手，掌声显得非常凌乱。主任说："欢迎同学们前来参观。平时这些事一般都是由我的助手负责，因为我和你们的导师是非常要好的老同学，所以这次我亲自来给大家讲一些有关情况。我看同学们好像都没有带笔记本，这样吧，我让助手去拿一些实验室印的纪念手册，送给同学们作纪念。"接下来，更尴尬的事情发生了，同学们都坐在那里，很随意地用一只手接过主任双手递过来的手册。主任脸色越来越难看，走到李悦面前时，已经快要没有耐心了。就在这时，李悦礼貌地站起来，身体微倾，双手接住手册，恭敬地说了一声："谢谢您！"主任闻听此言，不觉眼前一亮，拍了拍李悦的肩膀，问道："你叫什么名字？"李悦从容作答，主任微笑着点点头，回到自己的座位上。导师看到此景，微微松了一口气。

两个月后，毕业入职表上，李悦的去向栏里赫然写着该实验室的名字。有几位颇感不满的同学找到导师说："李悦的成绩跟我们差不多，凭什么选他而没选我们？"导师看了看他们，笑道："是实验室主任点名要李悦的。其实你们的机会是完全均等的，虽然你们的成绩比李悦的还要好，但是除学习之外，你们还需要学的东西太多了。修养是你们步入社会后学习的第一课，一定要学会尊重他人，在长辈和领导面前客客气气的。"

客气地说话，不仅体现了良好的修养，更是我们实现目标的必备条件。长辈、老师、领导等有丰富的经验和广泛的社会关系，如果他们觉得我们孺子可教，往往会不吝惜地把这些分享给我们。试想，如果当年张良不是始终用谦虚的态度对待那位神秘老人黄石公，怎么可能得到传说中的《太公兵法》，成为"汉初三杰"之一呢？

说话避开别人的痛处

我们在与他人谈话时，要避开他人的忌讳，尤其是面对有生理缺陷的人，更要避开会戳到他人痛处的话题，否则就会引起他人的反感，甚至招致怨恨。

小马先天秃头。一天，大家在一起聊天，得知小马的发明获得了专利。小陆快嘴说道："你小子，真有你的。真是热闹的马路不长草，聪明的脑袋不长毛。"大家哄堂大笑，小马脸也红了起来。

大部分人开玩笑的时候是没有恶意的，但如果不把握好分寸、尺度，就会产生一些不良的后果。所谓"说者无心，听者有意"便是如此。因此，掌握说话的艺术需要我们在生活中多观察、多总结，避开别人的痛处。只有这样，才能够准确恰当地与他人沟通。

生活中，夫妻之间发生争执是很正常的事。但有的人口不择言，喜欢揭对方短处，甚至当众让对方出丑，让对方无地自容，而自己从中获得快感。比如，"女人嘛，做得好不如嫁得好。且不说你不会做，就是会做，若不是嫁给我，你今天能活得这么滋润、这么尊贵吗？""别以为你拿了个大学文凭就觉得自己了不起了，你蒙得了别人蒙不了我，你啥水平我还不知道？""我家那位啊，在别人面前人模人样，在家里我让他向东他不敢向西，就一熊样！"这样的话太伤人自尊心，但偏偏有人十分喜欢说，想以此取得更优越的地位。

最容易戳到别人痛处的时候，恰是安慰别人的时候。别人正在痛苦之中，如果安慰时稍不注意，揭了人家的伤疤，那可真是火上浇油。比如，一个人失恋了，伤心不已，这时最合适的安慰方法是和失恋者一起交流一些快乐的话题，让他（她）在交流的过程中慢慢消减痛苦。此外，应避开一些话题，比如不分青红皂白、故作高深地来一句："我早就看出他（她）不是个好东西。""他（她）这是存心骗你，当初说爱你的那些话都是假的。""你不知道他（她）是在利用你啊？"这使失恋者伤心之余，又多了一份窝囊和寒心。

如果真的一不小心戳到了别人的痛处，我们应该尽快找补救措施，比如也戳一下自己的痛处。

某学生寝室，初到的新生正在争抢床位。小林心直口快，与小王争执了半天，见比自己小几日的小王终于不再开口，便说道：

"好啦,你最小,是咱们寝室的宝贝疙瘩,你又姓王,以后就叫你'疙瘩王'啦。"说者无心,听者有意。原来小王长了满脸的疙瘩,每每深以为耻,此时焉能不恼?小林见自己惹来了风波,心中懊悔不已,表面上却不急不恼,说:"'蜷在两腮分,依在耳翼间,迷人全在一点点。'唉,这真是'一波未平,一波又起'呀!"小王听了,不禁哑然失笑——原来小林长了一脸的雀斑。

那么,在日常的交际应酬中应怎样避开别人的痛处呢?

1.事先了解别人的痛处、忌讳。

2.在说话的时候绷紧一根弦,不要主动提到这些话题。即使对方提出来了,也只能敷衍两句,而不是趁机高谈阔论一番。

3.假如真的一不小心戳到了别人的痛处,要赶快不露声色地找补。最好的办法是暴露自己的短处,自嘲一番,这样大家就"平等"了。

过分的赞美只会引来反感

一个气球再漂亮,吹得太小不会好看,吹得太大很容易爆炸。赞美就如吹气球,应点到为止、适度为佳。

在赞美他人时一定要坚持适度的原则。夸奖或赞美一个人时,有时候稍微夸张一点能更充分地表达自己的赞美之情,别人也会乐意接受。但如果过分夸张，赞美就脱离了实际情况，反而会让人感觉到缺乏真诚的东西，使人产生防备心理。因为真诚的赞美往往是比较朴实的、发自内心的，而恭维、讨好的赞美是浮夸的、矫揉造作的。

据说有一个年轻人曾经给恩格斯写了一封热情洋溢的信，信中称赞恩格斯是一位无与伦比的革命导师、一位伟大的思想家，甚至称其为马克思的再现等。恩格斯并没有因为这封信而有丝毫的感动，反而生气地回信说："我不是什么导师、思想家，我的名字叫恩格斯。"恩格斯作为无产阶级革命导师，他不喜欢别人用夸张的词汇赞美他。又因为他和马克思几十年的友谊，加上他本人非常尊敬马克思，所以他非常忌讳别人称他为"马克思的再现"。

古时候，有个人叫冯希乐，他是一个热衷于溜须拍马的人。有一次，他去拜访长林县令，吹捧县令时说道："仁风所感，猛兽出境。昨日入县界，见虎狼相尾而去。"可不久，就有村民来报告："昨夜大虫连食三人！"长林县令很不高兴地责问冯希乐究竟是怎么回事，冯希乐面红耳赤地回答说："是必便道掠食。"冯希乐吹捧得脱离了实际情况，无视野兽吃人的本性，信口雌黄，说野兽已被县令的仁义教化所感动，所以离县而去。而结果是抢起巴掌，自己打自己的脸，这就是所说的轻言取辱。

要做到点到为止、褒扬有度是有技巧的，下面列出两种技巧供参考。

1. 比较性地赞美

将两个人或两件事进行比较，在夸奖对方的同时，让对方意识到自己的优点和存在的差距，使对方对我们的赞美深信不疑。

有一次，汉高祖刘邦与韩信谈论诸将才能高下。刘邦问道："我能指挥多少兵马？"韩信回答："陛下至多能指挥十万兵马。"刘邦又问："那你能指挥多少兵马呢？"韩信自豪地回答："臣多多而益善耳。"刘邦笑道："既然你带兵的本领比我大，但为什么你是我的部下呢？"

韩信诚实地说："陛下不善于指挥兵马，但善于驾驭良将，这就是我为陛下部将的原因。"

刘邦曾说过，在指挥百万军队，战无不胜、攻无不克方面，他不如韩信。这是他做了皇帝以后对自己的评价。韩信的赞美，首先肯定了刘邦控制大臣为自己效命的能力，但又指明了刘邦在带兵作战方面与自己相比有不足之处，这正与刘邦的自我评价相吻合。韩信的话说得很实在、很坦诚，刘邦对此不但不怒，反而很满意。此时，如果韩信违心地恭维刘邦，说刘邦调兵遣将无所不能，恐怕刘邦自己也听不进去，甚至会怀疑他在麻痹自己。

2. 根据对方的优缺点提出自己的建议

"金无足赤，人无完人。"有所保留的赞美既应看到对方的优点和长处，同时还要看到对方的缺点和不足，讲究辩证法。常言道："瑕不掩瑜。"指出对方的缺点和不足，并提出一定的建议，不仅不会降低赞美的力度，相反，会使赞美显得更真诚、实在，易于对方接受。尤其是领导表扬下属时，要有一是一、有二是二，把握分寸，有所保留。可以多用"比较级"，慎用"最高级"，在表扬的同时，把批评和建议提出来。

有效的赞美不应该总是绝对化的，像"最好""第一""天下无双"这类词语别乱用。某企业的广告词说："只有更好，没有最好。"这显示出了该企业的真诚，在消费者中影响很好，而不是夸大其词、华而不实地进行宣传。实际上，一般人都对自己有客观的认识和评价，如果我们的赞美毫无依据，就会让人感觉我们在曲意奉承。赞美他人时必须记住，一个人的成绩和优点是有限的，不能脱离对方的实际情况，无中生有，过分吹捧。因此，赞美他人时，应当一分为二地看，有成绩要肯定成绩，有不足也要指出不足，控制好赞美的度。

过于夸张的赞美对于被赞美者来说是有百害而无一利的。高尔基曾经说过："过分地夸奖一个人，结果就会把人给毁了。"因为过分的赞美，可能会使被赞美者不思进取，误以为自己已经完美无缺了，从而停止前进的脚步。众所周知的方仲永，小时候因为天资聪慧，被别人称为神童。其父带他四处走访，结果等到他长大以后，才能已经跟一般人没有什么两样了。

赞美最好辅之以鼓励，这样才能充分发挥赞美的积极作用。

裹层"糖衣",批评奏效不伤人

小孩很怕苦,所以吃药片的时候,加点糖水一起送入孩子口中,他们便更愿意服药。

与之类似,我们在批评别人时,直话直说很容易激起对方的愤恨。如果我们给自己的批评裹上一层"糖衣",那么,对方可能就会在享受"甜蜜"的同时欣然接受批评了。

晏婴是战国时期齐国的一位善谏的大臣。齐景公心爱的马突然死去,他非常伤心,一定要杀掉马夫以解心头之恨。众位大臣一起劝谏齐景公不可为一匹马而滥动刑罚,而齐景公却已铁了心,对众人的劝谏充耳不闻。

这时,晏婴站了出来,众大臣都以为晏婴也是来劝谏齐景公的。可谁也没有料到,晏婴却明确地表态说:"这个可恶的马夫,该杀!"

齐景公十分高兴,就把那个马夫喊来,听晏婴列举他的罪状。

晏婴历数马夫的三大罪状:"你不认真喂马,让马突然死去,这是第一条死罪;马突然死去惹恼了国君,使国君不得不处死你,这是第二条死罪。"

听晏婴痛斥马夫的罪状,齐景公心中十分高兴。可晏婴话锋一转,说出了马夫的第三条罪状:"国君因一匹马要杀你,使天下人知道国君爱马胜过爱人，因此天下人都会看不起国君，这更是死罪中的死罪，罪不可赦！"

听晏婴陈述马夫的第三条罪状，齐景公开始时还连连点头。可当晏婴说到"使天下人知道国君爱马胜过爱人"时，他却定在那里，脸上也一阵红一阵白。晏婴又吆喝一声："来人，按大王的意思将他推出去斩了！"这时齐景公如梦初醒，赶紧对晏婴说道："放了他吧，不要损害寡人的仁爱之心。"

晏婴没有正面批评齐景公，却达到了劝谏救人的目的。可见，裹着"糖衣"的委婉批评能取得很好的效果。在这样的场合中，一方面，该说的话不能不说，根本利益不能退让，原则不可放弃；但另一方面，要考虑到批评对象的身份和地位，不能伤害对方的面子。所以，这就需要首先承认对方的实力、地位、权威，甚至主张，然后突然话锋一转，直接插入我们的目的，虽仍旧委婉动听，但实际上却是对对方的彻底否定。

晏婴死后，有一次，齐景公与大臣们射箭。齐景公把箭射到了箭靶外，在场的人却众口一词地称赞他箭术高明。齐景公听后变了脸色，并叹了口气，把弓丢在一旁。

这时，弦章来了。齐景公说："寡人失去晏婴到现在已经有17年了，从那以后，寡人再也没有听到臣子对寡人过失的批评。今天寡人把箭射到了箭靶外，可他们还是一味地赞美寡人。"

弦章说："这是那些大臣不对。他们本身素质不高，所以看不到国君不好的地方；他们勇气不够，所以不敢冒犯国君的尊严。

但是，臣听说，'国君喜欢的衣服，大臣就会送来让他穿上；国君喜欢的食物，大臣就会送给他吃'。像尺蠖这种虫子，吃了黄颜色的东西，它的身体就会变黄；吃了青颜色的东西，它的身体就会变青。作为国君，大概喜欢听人说奉承话吧！"

弦章的话在齐景公听来颇有道理，他明白了奉承者不过是投自己所好，如果自己对奉承话深恶痛绝的话，就会大大减少说奉承话的人。弦章虽未直接点明是齐景公喜欢听奉承话才造成如此局面，但通过以尺蠖为喻，使齐景公深刻领悟到造成如今这个局面的原因。事实上，若弦章再批评齐景公一番，效果反而不好。

总之，批评他人时，如果语气委婉，被批评者就会容易接受。因为对方认为你的委婉是给了自己"面子"，感激之余，就会积极地改正。反之，如果批评者语气生硬，对方就会认为伤了他的"自尊"而心生反感，这样就达不到批评、教育人的目的了。

交情浅，就不要言过深

宋代文学家苏轼曾在《上神宗皇帝书》中写道："交浅言深，君子所戒。"这是说与人交往时，切忌对交情浅的人说心里话。

在一些直性子的人看来，与人交往就应该知无不言，这样才不失其光明磊落的个性。其实不然。与一个交情不深的人来往，更要把握好与对方沟通的尺度，快言快语有时会给双方招来麻烦。

潘瑜换了一家新公司，办公室里的同事们看起来都很友善。中午，大家一起去附近的餐厅享受美好的午餐时间。吃饭过程中，大家有说有笑、无所不谈。其中一位同事小张似乎与潘瑜特别合拍，悄悄地把在座的每一位同事都介绍给她认识。

"坐在你右边的是曹主任，他这个人平时特别刻薄，你以后和他打交道要小心。"

"那个人叫小琪，人如其名，特别小气，少和她来往。"

"你对面的叫王建，他是个'单身狗'，对每一位女同事都不安好心，你可要注意。"

对于初来乍到、对新公司人际关系一无所知的潘瑜而言，小张的话无疑给了她很大的帮助。因此，潘瑜在感谢眼前这位"知无不言，言无不尽"的同事时，内心自然也对她产生了一种亲切感。潘瑜本来就是个直性子，什么事、什么话都藏不住，在工作中、生活中无论遇到什么问题，她都向小张倾诉。有时还会和小张一起批评其他同事的不足之处，以此宣泄内心的郁闷。

不过，后来发生的一件事让潘瑜十分后悔。

"潘瑜，你为什么在别人面前诋毁我？"小琪生气地质问她。

"我什么时候诋毁你了？"潘瑜虽然心虚，但还是理直气壮地反问小琪。

"小张都告诉我了，你还抵赖，没想到你这么虚伪！"小琪说完就气冲冲地走了，留下手足无措的潘瑜。同时她也明白了，这件事一定是小张说出去的，不由得暗自悔恨自己交错了朋友、说错了话。

"来说是非者，便是是非人。"故事中的小张虽然不厚道，但是潘瑜的直性子，让她犯了交浅言深的大忌。进入一个新环境，倘若只为一时之快而说了不该说的话，就会在他人手中落下把柄，让对方多了一张打赢自己的牌。

人与人之间的相处最重要的就是交流和沟通，最困难的也是交流和沟通。特别是直性子的人，只有把握好与人交流和沟通的尺度，才能得到更多人的喜爱和尊重。

但是很多直性子的人不懂得与人交流的技巧，即便是与一位才见两次面的人接触，在彼此并不了解的情况下，都会肆无忌惮地和对方开过分的玩笑，或者说一些不得体的话。他们本以为这种幽默能够使双方的关系融洽，谁知竟让对方产生了排斥心理。因此，开玩笑也要分场合、分对象，否则直来直去很可能破坏自己的人际关系。

还有些直性子的人经常把刚刚相识的人当作自己多年的老友或者知己，毫不顾忌地把自己的烦恼愁绪、理想抱负或者鸡毛蒜皮的小事告诉对方。倘若对方是小人，那么他掌握了这些信息后很可能对他们不利；反之，如果对方是君子，那么他可能会反感这种交浅言深的行为。

孔子曾说："不得其人而言，谓之失言。"意思是在并不了解对方的情况下与之深入交谈，就是一种失策。一般而言，"见人只说三分话"才会显得自己更为成熟稳重，让人佩服。

如今居住在城市里的人们，邻里之间的交流、沟通比较少，但小区里依然少不了张家长李家短的八卦消息。

"听说你们的邻居是新搬来的，他们是哪儿的人，人品怎么样？"小李总是听隔壁的人抱怨新邻居"没素质"，便借机问一问楼上的老张。

"人家刚来没几天，我也没和他们打过交道，哪里知道人家的情况。"老张平时和小李不怎么往来，便含糊地说道。

"你们是邻居，难道还看不出点端倪来吗？我们从来没见过这家的男主人，不会是单亲家庭吧？"小李刨根问底地说道。

"不清楚，可能人家工作忙不常回家吧。您在这儿歇着，我得去买菜了。"老张说完就转身走了，小李只好找其他人打听。

老张深知小李的心思，但身为邻居，他清楚地知道，随意透露他人的隐私，既不合情，也不合理。于是，他三言两语便应付了小李，避免了交浅言深给自己带来的麻烦。

交情浅而不言深，在生活和工作中都非常适用。例如，员工与领导总是抬头不见低头见，但很多员工和领导之间都谈不上交情很深，因此员工与领导交流时要把握好分寸。特别是直性子的员工，切忌和领导交浅言深。如果领导就一些敏感话题向你征询意见，你也要三思而后行。在坦诚的同时把握好"度"，不要随便打开天窗说亮话，否则就会让自己陷入"得罪人"的境地。

面对一般同事的诉苦，我们更要做到交浅不可言深。同事间的关系比较特殊，有时是搭档，有时又是竞争对手，如果贸然对同事知无不言，很可能是在给自己"挖坑"。因此，为了保护好自己，不要轻易与不常往来的同事言之过深，只要合乎情理、不失礼貌就好。

很多直性子的人会问："如果不对他人坦诚相见，怎么可能交到好朋友呢？"其实，友情都是在交往的过程中逐步建立起来的，见一面便成为挚友的情况并不多见。所以，一段好的人际关系要靠长期的经营与呵护。

实话要巧说，委婉的话要好说

人与人之间交流，语言是最主要的手段。虽然说话只需一张嘴，但交流中要对他人的面子、自尊等有所顾忌，或对某些事情进行保密，因为实话实说往往会令人尴尬、伤人自尊。

这就要求我们交流时不仅要动嘴，而且要动脑。实话是要说的，但应该巧说。那么该如何巧妙地去表达呢？如何才能说得既让人听了顺耳，又欣然接受呢？下面为大家介绍几种有效的表达方式。

1. 抓住对方的心理

要抓住人的心理，可运用激将法，进而达到自己真正的目的。

一位穿着华贵的女士走进一家服装店，她对店里的一套衣服很感兴趣，但又觉得价格昂贵，因此犹豫不决。这时，一位营业员走过来对她说，某某女明星刚才也看上了这套衣服，但她和你一样，也觉得这套衣服有点贵。于是这位女士当即买下了这套衣服。

这位营业员能让这位女士买下衣服，是因为她很巧妙地抓住了这位女士"自己所见与女明星略同"和"女明星嫌贵没买，她要与女明星攀比一下"的心理，用激将法巧妙地达到了让该女士买下这套衣服的目的。

2. 藏而不露巧表达

运用多义词委婉曲折地表明自己要说的话。林肯当总统期间，有人向他引荐某人为阁员，因为林肯早就了解到该人品行不好，所以一直没有同意。一次，朋友生气地问他，怎么到现在还没结果。林肯说："我不喜欢他那副长相。"朋友一惊道："什么！那你也未免太严厉了，长相是父母给的，也怨不得他呀！"林肯说："不，一个人超过40岁就应该对他的长相负责了。"朋友当即听出了林肯的话中话，再也没有说什么。

很显然，林肯所说的"长相"和他朋友所说的"长相"，根本不是一回事。林肯巧妙地利用词语的歧义，道出了"这个人品行道德差，我不同意他做阁员"这句大实话，既维护了朋友的面子，又达到了自己的目的。

3. 由此及彼肚里明

两个人的意见发生了分歧，如果实话实说直接反驳就有可能伤和气，影响团结。这个时候就需要我们采取这种方法来避免一些麻烦。

一次事故中，主管生产的副厂长老马左手手指受了伤，被送往医院治疗。厂长老丁来病房看望他时，谈到车间小吴和小齐两个年轻人技术水平较强，但组织纪律观念较差，想辞退他们一事。老马没有表态，只是突然捧着左手"哎哟哎哟"大叫起来。老丁连忙问："很疼吗？"老马说："可不是，实在是太疼了，干脆把左手截掉算了。"老丁一听，说："老马，你是不是疼糊涂了？怎么手指受了伤就想把整只手给截掉呢？"老马说："你说得很有道理，有时候我们看问题，往往因注重了一方面而忽视了另一方面。老丁，我这手指受了伤需要治疗，那小吴和小齐……"老丁一下子听出老马的"弦外之音"，说："老马，谢谢你开导我，小吴和小齐的事我知道该怎么处理了。"

老马用手指受伤需要治疗类比人有缺点需要改正，进而巧妙地把治病和用人结合起来，既没因为直接反对老丁伤了和气，又维护了团结，成功地解决了问题，实在是高！

总之，只有把话说得让对方乐于接受，我们的表达才算有意义。

有时候，沉默真的是金

直性子的人除了心直，还有个特点，就是口快。事实上，并非所有的话都要说出口，沉默有时候真的是金。

每逢周末，李茜、王冰、张娜等几个好朋友总会找个咖啡厅或者餐厅聚聚。席间，几个女孩子会聊起各自的男朋友。但这次，一向活泼开朗的李茜却一反常态不怎么说话。大家看着她的样子就觉得可能发生了什么事。张娜看李茜不说话，疑惑地问："你怎么了？来了之后一直不说话。"

"没事。"李茜搅了搅眼前的咖啡，虽然嘴角有笑容，但是依然掩饰不住牵强。

"哎呀，到底怎么了？说出来我们也能帮帮你啊。"张娜还是"不依不饶"地追问。

在张娜的追问和大家关切的目光下，李茜尽管不情愿，但还是淡淡地说了声"我们分手了"。

"啊……"大家的反应并没有非常惊讶，因为所有人早就清楚，李茜的男朋友是个"渣男"。

"哎呀，我早就知道他不是什么好人！"张娜突然开口说了起来。"他人品不好，也没什么出息。就那天，我还看见他和一个女的在一起呢……"

张娜越说越来劲，丝毫没有看到王冰她们对她"挤眉弄眼"的暗示，也没有看到李茜已经变冷的脸。

"……所以你啊，跟他分开是对的，有什么好伤心的！你也知道我这人就是心直口快，赶明儿啊给你介绍一个更好的！"张娜大包大揽的样子让李茜非常生气。

"你自己留着吧！"李茜说着就拿着包独自走了。

"她这是什么意思？"张娜很不能理解。"我藏不住话，但我那也是为她好嘛……"

看着大家不解而且有些气愤的样子，张娜也不知道自己哪里做错了。

张娜在朋友遭受失恋的打击时，还坚持"心直口快"地表达自己的意见，而没有顾及朋友的情绪。即使别人"挤眉弄眼"地提醒她，她也视而不见。最后的结果只能是让每个人都非常尴尬，还影响了朋友之间的感情。

"有什么说什么"通常被大多数人认为是一种优秀品质，也被当作是坦诚、直率的标志。于是，有的人打着"直性子"的旗号，肆无忌惮地"伤害"别人，但是自己却不自知。就像上述故事中的张娜一样，以为自己是一片好心。这些人往往还有一个撒手锏："我是为了你好！"或"我是直性子，有一说一，你不要介意啊！"但是如果留意对方的脸色，那么很容易就能确定对方是不是"不会介意"了。

所以直性子的人要知道，有时候沉默真的是金。语言是表达情绪和内心的工具，但并不适合用在任何场合、任何时候。安慰朋友，有时候无言的陪伴就是最好的方式，长篇大论的"鸡汤"或许并不适合对方此刻的心情。当朋友遭遇失恋的打击而哭诉，或者讲述其悲戚的故事时，也许义愤填膺的附和并不是最好的安慰，无声的陪伴才是最有力的支持。

每个人都有倾诉的欲望和需求，相应地也就要求每个人都能拥有倾听的能力。沉默不是漠不关心地冷眼相对，而是用心倾听和体会，给别人感同身受的关怀和理解。沉默也可以是一种陪伴，更是"此时无声胜有声"的力量。用沉默的倾听给对方倾诉的机会，让对方感受到被理解、被尊重、被陪伴。

夜深了，杨嘉的手机突然响起，是一个陌生号码打来的。她刚接通就听到对方声泪俱下地说道："我现在觉得特别累，每天特别烦躁，而且还得不到家人的理解。丈夫不体贴，孩子也不听话，我经常加班到深夜。我真的已经很累很累了，我不知道这样的生活还要持续多久，我真的不知道……"

杨嘉拿着手机，听到她抽泣的声音，本来还想问一声发生了什么事，但是片刻后，杨嘉决定一句话都不说，用沉默来回答她。她猜想对方应该是精神压力实在太大，才会选择用这样一种方式向陌生人倾诉。她觉得，此刻只有沉默才能让对方的压力彻底释放，也是自己能给予对方最好的帮助。

"……好了，谢谢您，非常抱歉这么晚还打扰您。您真是个善良的人。虽然我们素未谋面，但是我非常感谢您，我现在觉得好多了。再一次表达我的歉意！再见！"

对方就这样挂了电话。听着对方的语气，杨嘉感觉到她的压力已经释放了很多，自己也松了一口气。

故事中的杨嘉在对方倾诉时一直沉默不语，但却很好地释放了对方的压力，起到了较好的效果。在对方的哭诉中，如果杨嘉询问原因，或者毫不留情地责怪对方，就会令原本已经快要崩溃的对方更加绝望。此时，只有沉默才是最好的回应方式。让彼此没有压力、没有尴尬，并最大可能地让对方感受到被理解和体谅，这时候沉默真的是金。

第三章

送礼的分寸：
人情练达皆学问

送礼前，需考虑到风俗禁忌

给别人送礼时，要尊重对方的传统习俗，很多人就是因为没有注意这一点，落得一个不欢而散的结局。所以，送礼前，应了解受礼人的风俗禁忌，免得送礼送出麻烦来。

有个人去医院看望病人，带了一袋苹果以示慰问，哪知这袋苹果却引出了麻烦。原来那位病人是上海人，上海话中"苹果"跟"病故"发音相近，送苹果岂不是咒人病故？由于送礼人不了解受礼人的情况，好心却办成了坏事。

鉴于此，我们送礼时一定要考虑周全，以免节外生枝。例如，别人结婚时，不要送钟，因为"钟"与"终"同音，让人觉得不吉利；给意大利人送菊花，给日本人送荷花，给法国人送核桃，都会引起受礼人的反感。

此外，牛是印度教的神物，若给印度教教徒送牛肉干，会让对方愤怒不已。在阿拉伯国家，初次见面时不能送礼，否则会被视为行贿。在德国送礼，对礼品是否适当、包装是否精美要格外注意，玫瑰是专送情人的，绝不可送给其他人。不能给拉丁美洲国家的人送刀，否则会被认为是友情的完结；手帕也不能作为礼品，因为它是和眼泪相关联的。美国人主要讲究礼品的实用性和奇特性。如果能送一些具有独特风格或民族特色的小礼品，美国人会很欢迎。例如，我国的仿兵马俑，在美国人心中就是一种较好的礼品。此外，包装礼品时不要用黑色的包装纸，因为黑色在美国人眼里是不吉利的颜色。给英国人送礼时，如果礼品价格很高，就会被误认为是贿赂。送一些巧克力、一两瓶葡萄酒或鲜花，都能得到受礼者的喜欢。

但要注意，最好不要送印有公司标记的礼品。公司若送礼，最好以老板的私人名义。总之，送礼时，要考虑周全，以免节外生枝，造成不必要的麻烦。

礼物厚薄贵贱有说法

送礼是一种很巧妙的应酬艺术，在许多场合中，选价格不菲的礼物并不一定能够给受礼人留下好印象；而价格低廉的礼物在相宜的场合被送出，也能博得受礼人的喜欢。这就是与厚礼相对应的薄礼。

薄礼当然不会很昂贵，一颗小小的红豆，一张薄薄的贺卡，甚至不经意间一个善意的微笑，都可能起到非同寻常的作用。

其实在日常生活中经常送些小礼物比在特别的日子送一份厚礼

更有价值。

薄礼经过情意的渲染和精心的设计，便能增加不菲的价值。因为这份特殊的礼品对于送受双方而言，具有其他人理解不了的特殊意义。

礼物不论厚薄，都是用来表达心意的。礼物再丰厚，厚不过那份感情；礼物再微薄，也能表达深厚的情感。从这方面说，礼物是否厚重并不是最主要的，关键是送得是否适当。

再者，礼物的厚薄也是相对的，地区不同，受礼人不同，有时薄礼也会变成厚礼，厚礼也会失去意义。

在大城市里很普通的东西，到了贫困的边远地区就很贵重了。在未通电的山区，送给别人一台彩电，反而抵不上送去一些日常用品。

因此，在与人交往时，千万不可一味地追求厚礼，而应根据不同情况送出适当的礼物。这样才能显出我们的诚意。

礼物不实用，反而成"垃圾"

如果我们不是应酬高手，那么送礼时，选择实用的礼物是最保险的。

一般来说，日常生活用品可以作为我们的礼物，因为它与人们的生活息息相关，具有很强的实用性。将日常生活用品作为礼物，往往很能打动朋友、亲人。

日常生活用品的种类很多，像炊具、餐具、茶具、酒具等均在其列。还有一些礼品化的日用品，通过精心的包装和搭配也很受欢迎，如童装与玩具的组合、儿童食品与小玩具的组合、名酒与酒具的组合、服装与个性化饰品的组合、笔与手表的组合、笔与打火机的组合等。

赠送对方毫无用处的东西是一大忌讳。例如，给一个没有汽车的人送汽车配件，给一个不喝酒的人送酒，或送给一个腿脚有残疾的人一套运动器材等，都是不恰当的。

此外，还要考虑到受礼人在日常生活中能否用得上自己赠送的礼物。比如朋友乔迁，我们准备送他一幅装饰画，那么我们首先应考虑他家里能摆下多大的画。

我们根据性别将送礼对象分成男人、女人，根据职业将送礼对象分为旅行家、经理、文员等。每个人的职业特点不同，我们送出的礼物也应不一样。

实用性是选择礼物的一个重要因素。礼物不实用就会被束之高阁，不会被受礼人放在心上，甚至会被当作垃圾扔掉，这样就达不到送礼的目的，也发挥不了礼物应有的价值。

送有个性的礼物方显与众不同

世界上没有两片完全相同的叶子，同样，每个人的性格都是不一样的，一个人不同于其他人的比较固定的特性叫作个性。可别小瞧了个性，送礼物时如果能把受礼人的个性考虑进去，那么我们会收到意想不到的效果。

意大利女明星吉娜·劳洛勃丽吉达收到过许多礼物，其中有一把用火柴制作的小提琴，在她的记忆中占有特殊地位。

这把小提琴全部由用过的火柴棍做成，火柴棍都被涂上了漆，共有 8 根弦，与真乐器一样大，还可以用来弹奏乐曲。

吉娜回忆说："有一天，这把包装好的小提琴寄到了我在罗马的住处，包裹里还夹带着送礼者的信。送礼者是一个囚犯，他在信中说他很崇拜我。他在孤独的监狱中生活，为了表达对我的崇拜，他做了这把小提琴送给我，作为给我演奏小夜曲的象征。他还称我是'囚犯的女王'。"

吉娜被这位囚犯的执着所打动，也为他能用这特殊的材料做出这一礼物而惊喜。她写信给这个囚犯以示对他的感谢。此后，这把小提琴一直作为她的珍藏存放在家中。

极具个性特征的礼物很少有人不喜欢，若我们送给别人这样一份礼物，肯定会给别人带去惊喜。

忽视受礼人的个性，就是忽视自己的情感表达。在礼物品种上，大多数人追求个性化，购买礼物越来越讲究新颖别致。如一套精美的蜡烛杯、一个音乐枕头等，都能成为表情达意的礼物。相反，那些刻意用作礼品出现的商品，如各种礼盒、金箔画等，反而因千篇一律而失去吸引力。

有时候，个性化礼物具有个人特点和纪念意义。因此，个性化的礼物比精挑细选的礼物更能表达我们的心意和感情。

选择恰当的语言

送礼时要讲究语言的表达，平和友善、落落大方的动作配合得体的语言表达，才能使受礼者乐于接受礼物。那种做贼似的悄悄将礼物置于桌下或房间里某个角落的送礼方式，不仅达不到送礼的目的，甚至会适得其反。

一般来说，在呈上礼物时，送礼者应站着，双手把礼物递送到受礼者手中，并附上几句得体的话。

送礼时的寒暄一般应与送礼的目的吻合，如送长辈生日礼物时，说一句"祝您生日快乐"；送结婚礼物时，说一句"祝两位百年好合"。

送礼时，有人喜欢强调自己的礼物不贵重，如"区区薄礼，不成敬意，请笑纳""这是我的一点小心意，请收下"。其实，这时候送礼者完全可以说出自己在礼物上所花的心思，以表示自己的诚意，如"这是我特意为您挑选的"。

一般而言，送礼时运用谦和得体的语言，会营造一种祥和的气氛，无形中增加彼此的友谊。但最好避免过分谦虚的语言，如"微薄""不成敬意"或"很对不起"等，这可能会引起对方的轻视。

当然，在赠送礼物时以一种近乎骄傲的口吻说"这可是很贵重的东西"也不合适。在对礼物进行介绍时，送礼者应该强调自己对受礼者所怀有的好感与情义，而不是强调礼物的实际价值。否则，就落到了"重礼轻义"的地步，甚至会让对方觉得送礼者是在炫耀。这好端端的礼物，反被一番话给糟蹋了，岂不可惜？

总之，在送礼时，一定要选择恰当的语言来描述送礼者送出的礼物，不恰当的语言不仅于事无补，还会影响彼此的关系。

送礼不一定非得自己出马

一般情况下，我们应当亲自把礼物送给对方。当我们亲手把礼物送给对方时，更增加了这份礼物的重要性和意义。因为当礼物被递交出去时，我们的声音、表情、握手和拥抱，都会使对方更加激动。亲自送礼还有利于当面说明送礼原因，并可以与对方同时分享喜悦之情。

但是，有些时候，很多人碍于客观条件，如本人没有时间，不能亲自把礼物交到对方手上，只好委托他人代替自己送达。

这种方式也是有其独特的好处的。当送礼者本人羞于开口，或者不方便与受礼者见面的时候，被委托的人可担任送礼者的最佳信使，甚至可以言送礼者难言之事。

通常情况下，委托他人转送礼物时，应附上一张送礼人的名片。既可以将名片放在礼品盒内，也可以将它放在一个写有送礼人姓名的信封里，然后再将这个信封固定在礼物的包装上。

这种方式最好不要常用，因为委托他人送礼，有时会出现表达不清的情况，影响送礼的真正目的。

通过支付一定的费用，让商家替自己送去礼物，这种方式现在渐渐被越来越多的人接受。这种方式有三个好处：一是可以节省时间；二是可以制造浪漫情调；三是如果对方不愿意见到送礼者本人，这样做可以减少对方的心理压力。

鲜花类礼品大多都由花店负责递送，因为鲜花需要妥善照顾与处理，在到达目的地时仍然能保持新鲜。其他易损毁的礼物，如水果、巧克力、烘焙品等，需要特殊包装，以保持其原来的风貌。在可能的情况下，尽量让商家去递送它们。

此外，邮寄也是一种送礼物的渠道。通过邮购，可节省逛街所耗费的精力。在浏览购物平台时，如看到合适的礼品，可先放进购物车里，等到时间差不多了，再下订单，并可要求商家附上留言卡片。这样，快递公司会将礼物直接送到对方手中。

送礼也要讲究礼节

一般来说，礼物是一种能使人愉悦的东西，所以我们都乐意接受别人的礼物，也乐意送出自己的礼物。送礼的礼节相当重要，人们可以从送礼的礼节中看到送礼者对受礼者和礼物的重视程度。那么，送礼有些什么礼节呢？

礼物应该包装美观。否则，当别人收到一份普普通通的礼物时，会产生一种自己被敷衍的感觉。

送礼时应该附上卡片。随手附上没有签名和个人致意的卡片是一件令人扫兴的事，这会给人一种感觉，那就是送礼者从未看过这份礼物，好像送礼与他无关似的。如果要附上卡片，那么要在受礼者名字后写上一些信息。如果要给同事送结婚礼物，可以写上"竭诚祝福××和××拥有美好的生活"。

仔细考虑要写在卡片上的文字。如果礼物是水果，那么卡片上写"这是对你卖力工作的奖励"就不令人感动了。这样写的话就会好得多："现在天气很冷，你还一直卖力工作，所以吃点水果补充一点维生素C吧！"

顾及习俗、礼俗。因人、因事、因地施礼，是社交礼仪的规范之一。对于礼物的选择，也应符合这一规范。礼物的选择，要针对不同的受礼对象区别对待。一般来说，对家贫者，以实惠为佳；对富裕者，以精巧为佳；对爱人，以纪念性为佳；对朋友，以趣味性为佳；对老人，以实用为佳；对孩子，以启智新颖为佳；对外宾，以特色性为佳。

别让礼物"赤身裸体"

俗话说，"人靠衣装马靠鞍"。如果一个容貌姣好的人衣衫褴褛，总会令人感到惋惜。礼物包装也是一样，包装是外在形式，礼物是内容，只有二者统一起来，才会产生和谐美。

反之，如果我们直接将未经包装的礼物送给别人，让礼物"赤身裸体"地呈现于他人面前，往往会让他人觉得我们对他不够尊重，而且这样也大大降低了礼物的价值。即便他人勉强收下了这份原本十分昂贵的礼物，也会以为它不过是我们随意在某个小店买的便宜货而已，并不会因为这份礼物而对我们心怀感激。

一次，某知名品牌服装公司要为该公司新上市的春夏服装举办一个大型的宣传推广活动，想要邀请某位女明星当嘉宾。为了增强活动效果，公司特别为那位女明星量身定做了一套漂亮的晚礼服，让女明星在活动当天穿，以配合公司现场的讲解。

这套晚礼服做好之后，公司便委派入职不久的新人李燕带着包装好的礼服和该公司春夏新款服装，前去送给那位女明星。那天正好下雨，李燕下车的时候不小心跌倒了，弄脏了晚礼服的包装袋，李燕就把晚礼服取出来，装在了一个普通袋子里。

能够亲眼见到那位女明星，李燕特别激动，以至于只顾着欣赏女明星的美貌，而忘了晚礼服的事情。

活动当天，女明星穿着一件漂亮的礼服现身活动现场，可惜这件礼服却不是公司为她量身定做的那一件，自然那个独特的宣传手法也没能用上。活动结束之后，公司领导对李燕大发雷霆，质问其原因。李燕联系那位女明星才知道，女明星看那衣服被装在一个普通袋子里，以为不过是件寻常衣衫，便随手将其扔在了一个角落里。

李燕因为忽视了对晚礼服的包装，从而让女明星没能识别出那件晚礼服的价值，也破坏了公司的宣传活动。应酬中凭包装辨礼物的事情时有发生，如果我们的礼物没有与之匹配的精美包装，只会让送礼成为"无用之举"，甚至引起受礼人的反感，起到反作用。

馈赠礼物时，送礼人不仅要为自己的礼物准备与之匹配的精美包装，更要在包装上出新出奇，利用包装的新颖独特给受礼人以视觉、心理上的冲击，增添受礼人的好感。这就需要送礼人在选择礼物包装的时候做到以下几点：

1. 在形状上出新

如果我们将赠送给他人的礼物设计成一些别出心裁的形状，比如糖果、蝴蝶、星星等形状，就能让受礼人在收到礼物的时候会心一笑，对我们好感倍增。

2. 简洁中有突破

礼物的包装宜选用色彩浅淡、清新的种类，不宜弄得花里胡哨，降低自己的品位。如果用纸包装，几层彩色或白色的绵纸就可以设计出吸引人的包装。还可以在纸上印上受礼人喜爱的图案。此外，在白色的包装纸上贴上黑色的纸块，捆上麻绳，系个铃铛，真是有型又独特。

3. 善用丝带

不管什么礼物，如果不使用包装纸等包装材料，也尽量系一根丝带，这样能在瞬间制造出礼物的精美感。如果用丝带打上漂亮的蝴蝶结，就会立刻增添礼物本身的魅力。

为了不让我们的礼物"赤身裸体"地出现在他人面前，或不让礼物粗俗的包装吓跑客户，我们就应该开动脑筋，改变礼物死气沉沉、老气横秋的容颜，为它换上新颖别致、生动有趣的"新装"，从而博得受礼人的欢心。

要送与身份相符的礼物

在社会交往中，赠送礼物要恰如其分，注意选择与受礼者身份相宜的礼物。在任何时代，人们的身份观念都很强，对方的身份不同，送礼的方式和礼物的轻重就不一样。对什么人都一视同仁，则可能会让某些人认为他们被看轻了。

当然，有许多礼物适合送给所有人，如一些日常用品等。但是，作为送礼者，想要送一份让对方满意的礼物，必须要了解对方的身份。

身份不同，比如职位、年龄、辈分、民族、国籍等方面不同，所送礼物大多应有所区别。如给年龄大的人要送去健康，送去尊敬等；给外国友人可送去有传统特色的工艺品等。

此外，不同的人际关系、不同的交往程度，也容易使送礼者产生身份有高低的想法。自然，送礼者赠送礼物的类型也是不同的。

一般来说，对于文化层次较高、追求精神享受的人，宜选择精美高雅的礼物，如名人字画、工艺美术精品及各种高档文化用品等。

对于文化层次较低、偏重于追求物质享受的人，宜选择一些新颖别致、精美时髦的日用消费品作为礼物，其中应以吃、穿、玩为主。

但根据身份送礼物也是有原则的，如果只送礼物给职位高的人而忽略职位低的人，那么将会给送礼者带来麻烦。

如果只送一件礼物，那么就送给职位最高的人，并在赠送时对在座所有人表示感谢。

如果不止一人接受礼物，那么礼物必须和级别对等。

有时，上司也会请下属帮忙。这时候，上司应设法打破送礼物的程式，在感谢下属时，送给对方所需要或期望的礼物，就有可能获得意想不到的回报。上下级的差距越大，下属感觉受重视的程度越高，定会十分卖力地帮上司办事，那么上司收到的回报也就越多。

无论如何，送和对方身份相符的礼物才是正确的送礼之道。

送礼要分清轻重

送多少礼物才合适呢？其实每个人心里都有一杆秤。礼物的多少和轻重应视与对方的关系、送礼的目的以及受礼者的身份而定。

"送多少"是一个笼统的概念，从礼物的数量多少、体积大小以及价格高低来说，送礼还是要讲究尺度的。

一般的社交场合，送的礼物要以小、少、轻为宜。少，就是不求数量多，要少而精；小，指体积不宜太大，小巧玲珑，易送、易存；轻，则指价格适中，不求昂贵。送礼的总原则是充分重视礼物的精神价值和纪念意义。

比如，有些人送礼，往往一束鲜花、一本书、一篮水果均成敬意。送礼对他们而言，是一种礼貌、尊重、感谢的展示，而不是给对方物质援助或经济补贴。

　　而一些人通常出于面子的需要，觉得送得太少拿不出手，要送，就得多送些，送得实在些。如送水果就送好几千克，甚至恨不得将超市里的商品全搬了去。

　　这样送礼，钱虽然花了不少，但效果却未必好。如果对方不肯收，我们的处境就尴尬了，提走不是，不提走也不是。于是你推我让，最后难下台的还是我们。

　　退一万步说，就算对方收下礼物，心里肯定也不愉快："你这一次送我这么多礼物，下一次可够我还的。"我们自认为的好意，却让人家的心里有了压力。

　　其实，送礼不怕少，礼物不在多，只要有意义、有创意，送出去就会受到欢迎。

　　值得注意的是，我们所送的礼物也应与自己的经济实力一致。如果经济条件差的人送比较贵重的礼物，则会让受礼者受之不安；而经济条件较好的人送较为廉价的礼物，则会让受礼者觉得送礼者小气或是看不起他。

　　总而言之，我们送礼物时，一定要分清轻重再送出。否则，很有可能会适得其反。

第四章

宴请的分寸：做一场滴水不漏的饭局

宴请客人不能一视同仁

宴请客人时，因对方的身份、地位不同，我们做事的方法也应有异。与不同身份、地位的人打交道要用不同的方式，如果不明白这一点，对任何人都一视同仁，则可能引起对方的不满。

宴请不同的客人要有不同的态度。

1. 宴请领导，以敬为先

宴请领导不同于宴请一般朋友，丝毫马虎不得，否则宴请不当，往往会适得其反，给领导留下不好的印象，甚至还会导致自己日后升职无望。

宴请领导主要有两种目的：一种是表示庆贺。如自己工作上取得成绩，或者晋升、涨工资等。另一种是有事相求。既然是有求于人，那么在礼仪上就更应该予以重视，以尊敬的态度去邀请。而在餐桌上表现自己的最恰当的方式莫过于优雅的谈吐与举止。按照这样的思路，运用类似的方式来获得领导的信任，在工作中，领导才会更有信心地把任务交给我们。

2. 宴请客户，以诚为先

想搞好与客户的关系，宴请客户自然是免不了的。成功的商业人士善于记录客户的资料，研究重要客户各方面的资料，分析其喜好。邀请客户吃饭，应注意要真诚对待不同类别的客户。"诚"就是真诚，不虚情假意、不违约、不失信，竭尽所能满足客户的需求，令其欢欣而来，满意而归。

3. 宴请同事，忌太正式

一般邀请同事进餐比较随便，不必过于正式，开开玩笑，聊聊家常，哪怕是打打闹闹，也是可以的。但是也应严格区分聚餐的不同形式或者场合，在一些正式的场合，同事聚会时也应注意形象与礼仪，不可失礼于人。

如今，同事关系在人们的日常工作和生活中变得越来越重要。很多公司都有了不成文的规定：升职者要请其他同事吃饭。身处这样的环境中，我们也应与同事打成一片，不然就会显得我们小气、不合群。

宴请同事时要注意：第一，量入为出。第二，注意身份。如果邀请的同事身份级别不高，就不要动辄去高级餐厅，否则可能会被认为过于招摇，反而引起同事的反感。

4. 宴请下属，以情动之

大多数领导都是从下属做起的，应该明白领导无缘无故请下属吃饭，下属心里总是不踏实的，所以，领导向下属发出邀请的时候必须点明邀请的原因。比如，"这段时间大家为了手上的项目天天加班，太辛苦了，今天我做东，犒劳犒劳大家。大家都不是铁人，还是该放松放松，明天再接着干……""今天我给大伙儿设了个庆功宴……"这样，下属就明白领导的用意是激励和鼓舞，自然可以心无芥蒂地去赴宴了。

不过，需要注意的是，领导也是食五谷杂粮的凡夫俗子，三杯酒下肚后，很可能会管不住自己，不经思考就给下属许下加薪之类的承诺。所以，酒不能喝得太多，要管得住自己。否则，假如下属中有不值得信任的人，第二天一定会搞得"满城风雨"，更可能让那些觊觎领导之位的人有可乘之机。

总而言之，作为别人的领导，虽然掌握着下属的"生杀大权"，但领导不是万能的，总有需要下属帮忙的时候。所以，领导请下属吃饭时要以情动之，不断笼络人心，以备后用。

5. 宴请异性，以礼为先

有本书中有这样一句话："正常男女凡在一个正常年代谈一场正常的恋爱，很难绕过餐桌而行。"一起吃饭是热恋中的男女最经常做的事情。吃不是目的，而是方式。在吃饭的时候，双方可以谈论很多话题，可以对视，可以交杯换盏……反正是吃什么都好吃，因而热恋期间常常光顾许多餐厅。宴请异性朋友，尤其是男士宴请女士时，要特别注意礼仪。这不仅体现了宴请者对对方的尊重，还体现了宴请者的涵养。

总之，宴请不同的人要采取不同的方式和态度，这样才能顺利发出邀请，做好宴会上的东道主。

宴请看场合，吃饭分档次

现代人讲究饮食文化，所以宴请不仅仅是吃食物，还"吃环境"。要是用餐地点档次过低、环境不佳，即便菜肴再有特色，也会令宴请效果大打折扣。因此，在可能的情况下，一定要选择清静、幽雅的用餐地点，要让客人吃出档次、吃出身份。

宴请贵宾，可以选择具有古朴装修风格以及精致菜品的高档饭店，这类高档饭店的环境、服务和口碑，都会让客人感受到东道主对他的重视。宴请川西情节颇深的客人，具有巴蜀风情的旗舰店更能获得对方的认可。宴请喜欢欧式装修风格的客人，精致的西餐厅是个不错的选择。宴请喜欢清静、对菜品也十分讲究的客人，典雅的农家食府就可以了。想让客人在平和中感受一分大气，满庭芬芳的酒楼应该符合他的口味。想给客人以极致的视觉盛宴，花园式的餐厅是个好去处。要是客人非常注重商务宴请的私密性，高级饭店很适合。如果客人比较小资，喜欢时尚，那么尽可以邀请他到时下流行的餐厅或饭店就餐。

商务宴请中的菜品也是十分讲究的。宴请喜欢喝葡萄酒或是对葡萄酒有研究的客人，可以选择庄园；宴请喜好吃海鲜的客人，选择海鲜酒楼是最合适不过的了；要是客人想吃到最新鲜、地道的生蚝，不妨到最好的海鲜馆去。

除此之外，宴请客人还有一些其他注意事项。

1. 举行小型正式宴会，宴会厅外应另设休息厅，供宴会前宾主简短交谈用。待宾客到齐后，大家再一起进宴会厅入席。

2. 选择一处彼此都喜欢的地点就餐，让聚会中的每个人都有宾至如归的感觉。

3. 请熟悉的人去不熟悉的饭店，请不熟悉的人去熟悉的饭店。对熟人（包括家人、朋友）来说，可以带他们去以前没去过的饭店尝尝鲜、探探路，熟人在一起就不必拘束，可畅心问价、临时调换地点等。而宴请不熟悉的客人和重要的客人，则要求主人对饭店的菜品、服务质量等了然于胸，这样才能更好地达到请客的目的。

座次安排有讲究

中国素有"礼仪之邦"之称，"不学礼，无以立"。中国早期的"礼"中，最重要的"礼"是食之礼，检验一个人修养的最好场合，莫过于集群宴会。因此，家庭礼教启蒙的第一课便是食礼。而中国宴会中食礼的基础仪程和中心环节，就是宴席上的座次之礼。据说，汉高祖刘邦的发迹就缘于他在沛县县令的"重客"群豪宴会上旁若无人般"坐上坐"的行为。《史记·项羽本纪》

中鸿门宴的座次是一规范："项王、项伯东向坐，亚父南向坐。亚父者，范增也。沛公北向坐，张良西向侍。"此即顾炎武所谓"古人之坐，以东向为尊"。这指的是室内设宴的座次礼仪。

随着餐桌形制的改变，座次礼仪也随之改变。圆桌是应聚餐人多和席面大的要求而出现的。当今许多家庭喜欢用圆桌，餐馆及机关单位食堂也多用圆桌。其座次一般依房间的方位与装饰设计风格而定，或取向门、朝阳设首位，或依厅室设计、装饰风格所体现出的重心与突出位置设首位。首位造型非常醒目，通常服务员摆台时以餐巾折叠成花、鸟等造型，并将其摆在首位，使人一望便知。而隆重的大型宴会则往往在各餐桌座位前预先摆放座位卡（席签），所发请柬上则标明客人的桌号。客人到达地点后持柬对号入座，自然不易出错。

宴席位次的设定，属约定俗成，故其时空差异性较大。而依我国时下理念习尚，则首论职务，次叙年齿，后及性别（先女后男，以示重女观念）。当然，这都是首席座位确定之后再循行的一般模式。

就一张餐桌的具体座次来说，目前中餐通行的规矩是主人坐于上方的正中，主宾在其右，副主宾居其左，其他客人依次按从右至左、从上至下的次序入座。

点菜时切勿丢了西瓜捡芝麻

有些人请客吃饭，喜欢贪图小便宜，一进饭店门就问："今天有什么又好吃又便宜的特价菜啊？"弄得一旁的客人直皱眉："难道说，我在他心目中是那种只配吃特价菜的人？还是说，他原本就是个贪图小便宜、目光短浅又毫无生活质量的人？看来，我得重新考虑跟他合作（交往）的事情了。"这场饭局才开头，就让对方心里有了疙瘩，那么，原本想通过饭局加深与对方的关系的愿望可能也就落了空。

勤俭节约、拒绝铺张浪费是东道主一贯主张的原则。但是，这需要讲究技巧，而不适宜大张旗鼓地表现出来，或是让对方察觉出来，否则就成了小气吝啬的表现，直接影响对方对东道主的看法，甚至会打消对方与东道主交往的念头，以致因小失大，得不偿失。

蔡锦高大英俊，但一直没有女朋友。在姑妈的介绍下，他开始和一位年轻漂亮的姑娘约会。

约会那天，天空下着零星小雨，他俩没有带伞，但仍沿着林间小路边走边聊，从学生时代一直聊到现在的工作。后来雨越下越大，两人便走进了路边的一家餐厅。这是一家西餐厅，从装潢设计就可以看出菜品不会便宜。蔡锦翻开菜单一看，果然如此，便连忙对姑娘说："这家餐厅太贵了，咱们在这里吃不划算。不远的一条街上有很多家常菜馆，菜品经济又实惠，要不咱们去那边吃吧？"姑娘皱皱眉说："可是外面的雨太大了，一出门咱们都得淋透了，还是就在这里吃吧。反正就这一回，也不是天天来，就当奢侈一次了。"姑娘说完还故意眨眨眼，笑了笑。

于是，蔡锦只好心不甘情不愿地开始点菜。他问服务员："这牛排怎么那么贵啊？没有便宜的吗？"服务员说："对不起，先生，这是上等的菲力牛排，您吃了一定会觉得物超所值的。""那这浓汤呢？量有多少啊？""这……"蔡锦一个一个地问，服务员一个一个地答，而姑娘的脸色愈来愈难看。最终，蔡锦给自己点了最便宜的面包和浓汤，给姑娘点了一份牛排。

在吃饭的过程中，蔡锦一直在念叨"亏了""不划算"之类的词，听得姑娘火冒三丈："你别念了行吗？不就是贵了点吗？咱们 AA 不就得了吗？至于一直念吗？"蔡锦见姑娘急了，赶紧解释说："我不是这个意思，我只是觉得这样有点浪费。"姑娘说："算了，你这个人太小气，别不承认了，你不就是觉得咱俩还没交往，你请我吃大餐太亏吗？算了，这顿饭咱们 AA，以后也别见了，难怪你一直找不到对象呢！"姑娘说完，放下钱起身就走了。

蔡锦只是太过勤俭节约，觉得没有必要这样"浪费"，结果却捡了颗芝麻，丢了个西瓜，又得单身下去了！

请客吃饭不同于平常吃饭，节约是应该提倡的美德。但请别人吃饭时，我们必须考虑对方的感受，弄清对方喜欢什么、想吃什么。只有让对方吃得开心、吃得尽兴，我们才有可能达到宴请的目的，否则很有可能落得跟蔡锦一样的下场，还可能给对方留下"小气""吝啬"的印象，进而影响我们的形象。

你在细品食物，别人在细品你

有人说，你怎样品味食物，别人就怎么品味你。也有人说，在你细品食物的同时，别人也在细品你。我们在餐桌上的言行举止，会直接影响别人对我们的看法，对方能够以我们的吃相来判断我们是不是一个值得合作、交往的人。真可谓"成也吃相，败也吃相"！既然吃相如此重要，那么我们该怎么避免不雅的吃相呢？遇到下面的情形，我们该如何应对呢？

1. 吃到太烫或变质的食物

假如我们吃了一口很烫的东西，一定要迅速把它吐出来。吐的时候要格外注意，不能直接吐在餐盘中，而是吐在手中准备好的餐巾纸上，然后把餐巾纸放入最近的垃圾桶中。遇到变质的食物也要这样处理。把食物直接吐到餐盘中是不雅观的，更不可以随便吐到地上。

2. 打哈欠

在餐桌上打哈欠常常让别人认为你对饭菜或谈话没有兴趣。

如果在大庭广众下我们想打哈欠，一定要马上用手捂住嘴，打完之后再说句"对不起"。千万不可毫无顾忌，张口就来，那样容易让对方心生不快。

3. 在餐桌上咳嗽、擤鼻涕

一般情况下应克制这样的行为，因为这样的动作实在是太失礼了。如果无法控制，最好用纸巾捂住口鼻，处理完后再去洗手间把手洗干净，整理一下仪容。

4. 在餐桌上剔牙

如果牙缝里塞了东西，让我们感到不适，先喝口水轻轻漱一下口。如果仍无法清理掉异物，也别在餐桌上用牙签剔牙，而应到洗手间去处理。如果确实需要当众剔牙，最好用另一只手挡住嘴，千万不要咧着嘴朝向他人。

5. 异物入口

如果食物中有异物，比如石子，我们可以用筷子夹出，放在餐盘的一边。如果看到让我们感到惊讶的异物时，比如虫子，千万不要大声叫喊，这样会显得我们修养不够。我们最好心平气和地要求服务员换掉，也可以向主人或服务员示意一下，尽量不要站起来说。切勿大惊失色地告知邻座的人，以免影响他人的食欲。

6. 弄洒了汤汁

把汤汁弄洒了，无论是对主人还是对自己来说，都是一件十分麻烦的事情。如果我们不小心弄洒了汤汁，可以用以下方法应付。

（1）如果在桌椅上泼洒了一点汤汁，可用纸巾擦拭。

（2）如果不小心把咖啡一类的液体洒在茶杯托盘里，可以用纸巾吸干，以免拿着杯底很湿的杯子，又弄脏别处。

（3）如果汤汁洒了很多，应叫服务员来清理弄脏的地方。如果不能清理干净，服务员会再铺一块新餐巾，把弄脏的地方盖住。

（4）如果座位上弄上了大量的污渍，可以要求换把椅子，同时向主人和客人致歉，因为我们为他们带来了不便。我们也可以对自己的失误开个玩笑，让大家很快忘记发生的事，从而缓解自己的尴尬。

总之，在宴会中要尽量避免不雅的现象出现，毕竟我们的事业可能在餐桌上发展起来，也可能在餐桌上失败。千万不可因为餐桌上的表现影响别人对我们的看法，从而使我们的事业出现波折。

介绍人时务必遵守"尊者优先"的原则

商务宴请时，常常会邀请众多客户前来，这既是为了壮大自己的声势，让客户看到自己的实力，也是为了在一定程度上促进客户之间的交流和沟通，从中引发新的商机。如何让两个原本不相识的客户认识？除了让客户自我介绍外，还可以由他人引见，将二者联系起来。而介绍的人，除了宴会主办方之外，还可以由一些职位较高的人充当，以显庄重。

一般来说，都是由宴会的主办方担当起介绍人的重任。这时，必须遵守"尊者优先"的原则，以显示对尊贵客人的尊重和重视。

姚岚是某大型企业的公关经理。一次，公司举办一个大型的新品展示会，会后安排了酒会，接待从全国各地前来参会的客户。

席间，美丽开朗的姚岚很好地担当了公关人的角色，从容游走于众多客户之间，针对公司的最新产品，与客户们进行了大量的细致交流，获取了众多反馈。这时，席上的一位李经理要求姚岚帮他引见某知名企业的王董，因为李经理他们公司希望和王董旗下的公司进行一次业务合作，但双方多次谈判未果，李经理他们公司大为苦恼，却又找不到好的突破口。由于李经理也是姚岚公司的重要客户，姚岚便欣然应允了。

姚岚和李经理来到王董面前，姚岚先和王董打了个招呼，接着对李经理说："李经理，这是××公司的王董。"王董脸色一变，李经理也一脸尴尬，"红灯警报"顿时响起，姚岚这才意识到自己犯了介绍礼仪的大忌。

幸好姚岚脑子反应够快，随后自嘲道："你们看我这个人哦，就是没见过什么大世面，一见到王董和李经理两位贵客，我就太激动了，开始语无伦次起来。来，我自罚三杯，既是惩罚我的语无伦次，也敬王董、李经理，你们就大人不计小人过，多多包涵啊！"

此时，紧急的红灯警报转换为平和的绿灯，一场危机就此解除了。

所以说，在商务宴会上介绍他人，一定要遵循"尊者优先"的原则：把年轻的介绍给年长的，把职位低的介绍给职位高的。如果介绍的双方年龄、职位相当，就要遵从"女士优先"的原则，即把男士介绍给女士；对于同性，可以根据实际情况灵活转变，可以从左到右或从右到左地介绍等。

酒杯不要凌驾于领导的酒杯之上

为什么人们在饭桌上祝酒时要碰杯呢？国外有两种解释：一种解释是这种方式是由古希腊人创造的。传说古希腊人注意到这样一个现象，在举杯饮酒之时，人的鼻子、眼睛、舌头都可以分享到喝酒的乐趣：鼻子能嗅到酒的香味，眼睛能看到酒的颜色，舌头能够辨别酒的味道，而耳朵却被排除在这一享受之外。怎么办呢？古希腊人想出一个办法，那就是在喝酒之前互相碰一下杯子，杯子发出的清脆响声传到耳朵里，这样耳朵就和其他器官一样，也能享受到饮酒的乐趣了。另一种解释是，喝酒碰杯起源于古罗马。古罗马人尚武，常常开展角力竞技。竞技前选手们习惯饮酒，以示相互勉励。由于酒是事先准备的，为了防止心术不正的人给对方喝的酒中放毒药，人们想出了一种防范方法，即在比赛前，双方各将自己的酒向对方的酒杯中倾注一些。此后，这样的碰杯便逐渐发展成为一种餐桌文化。

小陈是大陈的堂弟，刚刚大学毕业，现在在给大陈当秘书。一天，大陈带着小陈赴宴，一方面是让他多见见世面，另一方面是介绍一些生意上的客户给他认识，便于小陈日后工作的开展。

席间敬酒不断，不管谁敬酒，小陈都会随大陈站起来陪敬。可是每每举杯时，小陈的杯沿总是高出其他人的杯沿许多，而且总是碰得酒杯"哐哐"作响。小陈的表现让大陈深觉脸上无光，不时拿眼睛瞪小陈，可是小陈却不明所以。

为什么大陈不时用眼瞪小陈呢？小陈做错什么了吗？是的，别人敬酒时，站起来回应是没错的。可是小陈不知道，一般敬酒时自己的酒杯都得略低于对方的酒杯。如果对方是长辈且是自己的上级，一般是碰其酒杯的三分之一略低处，而且碰杯时不是拿整个杯子去碰，而是略倾斜酒杯，拿酒杯口去碰，但也不要太倾斜，否则有做作之嫌。如果对方是比我们高很多级的领导或长辈，我们就要用双手敬酒。另外，也不必碰得酒杯"哐哐"作响，只要有碰撞声即可。

酒桌文化有一定的讲究，如何敬酒要因人而异，也可能因地区文化的差异而有所不同，要具体情况具体对待。

除此之外，干杯时，即使自己不喝，也应该将杯口在唇上碰一碰，以示敬意。喝酒时绝对不能吸着喝，而是倾斜酒杯，将酒倒在舌头上。此外，一饮而尽、边喝边透过酒杯看人、边说话边喝酒都是失礼的行为。

敬酒有序，主次分明

宴请别人时，为了表示自己的诚意，我们就需要向别人敬酒。敬酒也是一门学问。一般情况下，敬酒应以年龄大小、职位高低、宾主身份为序。

在与领导一起喝酒时，最需要讲究的就是次序。这和开会一样，级别高的领导坐上座，然后依次落座。敬酒的次序仍依座位次序进行。下属在给领导敬酒时机遇与挑战并存，所谓机遇，是指近距离接触领导，是与领导增进关系的绝好时机；所谓挑战，是指因为有些人一喝酒，思维就与平时不一样，搞不好也是最容易得罪领导的时候。所以，对下属来说敬酒须谨慎。下属既要考虑酒场这一环境的特殊性，又要察言观色，随时揣摩领导的心思；新上的菜，领导不下筷，自己不能先动筷。敬酒前一定要充分考虑敬酒的顺序，分清主次。即使与不熟悉的人一起喝酒，也要先打听一下对方的身份或是留意别人对对方的称呼。这一点心中要有数，避免出现尴尬的情形。

如果有求于席上的某位客人，我们自然要对他倍加恭敬。但是要注意，如果有身份更高的人或更年长的人在场，则不应只对能帮我们忙的人毕恭毕敬，也要先给他们敬酒，不然会在事情未办之前就先丢了礼数。

总之，在宴请时的喝酒环节，我们一定要注意敬酒的次序，做到主次分明，这样才有利于我们发展人脉、方便办事等。

当然，劝酒也要把握好度，不应过于勉强对方，须知饮酒也是一种文化，酒宴应当成为文明礼貌的交际场所。大家叙叙旧，谈谈生活，切磋技艺，交流思想，这才是酒宴的宗旨。

没有人喜欢别人用食指指着他

很快就要大学毕业了，毕业后，大家就各奔东西、各奔前程了。面对即将离别的现实，虽然大家都很感伤，但都没有在饭桌上表现出来。这时班长站了起来，只见他左手端着酒杯，右手食指指着在座的同学诉说着四年来的点点滴滴。正当班长说到兴头上时，一位平常不怎么说话的同学站了起来。他说："班长，四年来，你对我们一直照顾有加，我们不会忘记你的。希望将来你能事业有成。"班长指着他说："谢谢啊，承你贵言啊！这四年来，大大小小的会上从没见你发过言，这回竟然主动发言，真是不容易啊！"那位同学说："既然班长这么说，那我今天就多说两句。班长，这几年我一直想找你说点事，这样吧，今天是咱们的散伙饭，我给大家讲个故事，缓和一下离别在即的伤感情绪。我不会说话，说得不好的地方还请大家见谅。"

这位同学继续说："苏东坡某日去拜访好友佛印，问佛印看他像什么，佛印说他像一尊佛。苏东坡又问：'你可知我看你像什么？'佛印不知。苏东坡说：'我看你像一堆牛粪！'说罢，苏东坡哈哈大笑。回家后，苏东坡得意地向苏小妹提起此事，觉得自己占了很大的便宜。苏小妹说：'哥哥，你错了。佛家说佛心自现，你看别人是什么，就表明你的内心是什么。'故事并不算长，但是寓意却是一目了然的。他人是我们的一面镜子，让我们可以反观自我，时时处处检验自己的言行举止。善良的人看到的是别人的善良和优点，心胸狭窄的人看到的是别人的小肚鸡肠，宽容的人看到的是广博的世界。佛心自现，他人是另一个自我。记住，当你用食指指向别人时，有三根手指是指向自己的。这就是我要给大家讲的故事，希望这个故事对大家以后的生活有所帮助。"这位同学坐下后，班长明白了他在故事中隐含了一直想对自己说的话，于是将酒杯换到右手，轻轻放下了自己的左手。

现实生活中，有些人说话时喜欢像故事中的班长那样以手比画应景，这是很没有礼貌和教养的行为。尤其在宴会中，这样的行为体现出了对别人的不尊重，会严重影响别人的情绪，导致别人对你产生厌恶感，如此一来，也就不必再指望对方给你提供任何帮助了。

因此，不管是在饭桌上，还是在其他场合，一定要谨记：当你用食指指向别人的时候，有三根手指指向自己。

宴请时，哪些话让人如临大敌

《左传》有云："言之无文，行而不远。"将这句话运用到宴会上，意思就是如果在宴会上与客人交谈，选对了话题，自然能让彼此的关系更近；但如果选错了话题，不重视语言的得体运用，毫无顾忌地滥用辞藻，不仅会传递出错误的信息，让人如临大敌，影响彼此之间的感情，破坏彼此的合作关系，最后还会落得不欢而散、两败俱伤的局面。

有个人请客吃饭，快到约定的时间了，还有一大半客人没来。他心里很焦急，便说："怎么搞的，该来的客人还不来？"在座的一些敏感的客人听到了，心想："该来的没来，那我们是不该来的呗？"于是借故走了。

这个人一看走掉好几位客人，越发着急了，便说："怎么这些不该走的客人，反倒走了呢？"剩下的客人一听，又想："走了的是不该走的，那我们这些没走的倒是该走的了！"于是又走了一些。

最后只剩下一个跟他较亲近的朋友。看了这种尴尬的场面，朋友就劝他说："你说话前应该先考虑一下，否则说错了，就不容易收回来了。"这个人大叫冤枉，急忙解释说："我并不是叫他们走啊！"朋友听了大为恼火，说："不是叫他们走，那就是叫我走了？"说完，朋友头也不回地离开了。

这个故事中的主人公正是不懂得顾及客人的心理，又不重视语言的得体运用，才把客人一一得罪了，到最后连和他关系较亲近的朋友也得罪了。

宴请时，许多人选错了话题，就会像故事中的主人公一样被客人纷纷厌弃，以后的事情自然也就难办了。

有些人说话不讲究方式，无意中得罪了别人，自己却浑然不知。其实，这与日常的说话习惯是息息相关的。如果想要在交谈中尽显风度，取悦于人，有一些讲话的方法需要特别注意。比如，有些人吃螃蟹喜欢吃"钳子"，其余部分都不要；而有些人喜欢吃蟹黄、蟹膏，此时你就不能说"你真傻，吃螃蟹应该吃蟹黄、蟹膏"。因为各个地区的风情有别，饮食习惯各异，尊重他人，才能获得他人的尊重。总的来说，在餐桌上，下列几项禁忌尤其需要注意。

1. 忌打断对方

双方交谈时，切忌在对方还没说完时便打断对方，然后发表自己的见解或提出自己的意见，也不要不等对方说完便与他争论。

万一我们与对方同时开口说话，我们应该说"您请"，让对方先说。

2.忌补充

有些人好为人师，总想显摆自己比对方知道得多，技高一筹。这是因为他们没有摆正自己的位置。不同的人站在不同的角度，对同一问题的看法可能会产生很大的差异，我们必须认识到这一点。当然，如果谈话双方地位平等，彼此熟悉，有时候适当补充对方的谈话也并无大碍。

3.忌纠正对方

"百里不同风，千里不同俗。"不同国家、不同地区、不同文化背景的人考虑同一问题，得出的结论未必一致。真正有教养的人，是懂得尊重别人的人。尊重别人就是要尊重对方的选择。除了大是大非的问题必须旗帜鲜明地回答外，人际交往中的一般性问题不要随便与对方争论是或不是，因为对或错是相对的，有些问题很难说清谁对谁错。

4.忌玩笑开过度

俗话说："人上一百，形形色色。"商务宴会上和客人交流，适当开开玩笑，可以活跃气氛、融洽关系、增进友谊。但如果开玩笑时不注意因人、因时、因地、因内容而异，就可能因开玩笑过度而招人厌恨。

5.忌谈不适宜的话题

在商务宴请的餐桌上，不能涉及国家和行业机密，不能涉及对方内部的事情，不能在背后说领导、同事、同行的坏话（要知道"来说是非者，便是是非人"），不能谈论格调不高的问题。

6. 忌探听他人隐私

商务宴请是出于商务利益的需求，彼此之间的交流涉及的是彼此的商务方面，不宜探听他人的隐私。应做到不问收入、不问年龄、不问婚姻家庭、不问健康问题。在某些国家，询问他人隐私的某些行为甚至可能触犯法律。

此外，在宴会的交谈中，如果不想客户因我们的话而如临大敌，就要规避粗话、脏话、黑话、气话等"四话"，在言谈时做到有分寸、有礼貌、有教养、有学识，才能赢得客户的好感，也才能为生意赢得更多的机遇。

第五章

社交的分寸：
得体的礼仪彰显魅力

做"西装达人"，当"应酬标兵"

"西装革履"常用来形容人衣着整齐、体面。西装的主要特点是外观挺括、线条流畅、穿着舒适。若配上领带或领结，则更显得高雅大方。

美国行为学家迈克尔·阿盖尔做过这样一个实验：当他以不同的仪表装扮出现在同一个地点时，得到的反馈相当不同。当他身着西装以绅士的面孔出现时，无论是向他问路还是向他打听事情的陌生人都彬彬有礼，显得颇有素养；而当他装扮成流浪汉模样时，接近他的人以无业游民居多。

这不是要鼓励我们在商务应酬中以貌取人，而是意图说明商务应酬中，仪表传达出的信息的重要性，我们完全可以通过仪表透视一个人的灵魂和内在气质。仪表是决定我们能否获得别人好感的关键因素之一。

尽管如此，在人际交往中，许多人还是会因为西装穿着上的失误，严重破坏自己的形象。下面，我们就来看一看，到底有哪些西装穿着的细节会成为我们形象的败笔。

1. 西装大了一号

一个人如若穿着大一号的西装，往往会有一种"小人穿大衣"的滑稽感。在选择西装的尺寸时，第一要点是合身，双手垂下，衣长刚好到臀围线附近为宜；袖长到手腕，过长或过短都不对。

2. 颜色、花色不考究

有些人喜欢追逐时尚潮流，为了显示自己的时尚品位，穿一些色彩鲜艳或发光发亮的西装前去参加应酬，结果反而遭人鄙夷。这是因为他们不知道穿西装要讲究"三色原则"和"三一定律"。"三色原则"是指男士穿西装时全身颜色必须限制在三种以内；"三一定律"是指男士穿西装时必须保证全身三个部位的色彩协调统一，即鞋子、皮带、公文包的颜色必须统一。

3. 扣子通通扣上

交际应酬时，穿西装出席是稳重、专业的一种表现，主要目的不是御寒。如果不分西装类型，把西装的扣子通通扣上，这是极其失礼的行为，必定会在客户心中留下不懂礼仪的负面印象。一般来说，穿西装时，单排单颗扣，可扣可不扣；单排双颗扣，一般扣上面一颗扣；单排三颗扣及以上，宜保留最下面一颗扣不扣。若是双排扣，则建议全扣。

4. 保留袖口卷标

品牌西装的袖口处都会有品牌卷标，在穿西装前一定要把它去掉，否则将在应酬场上落下笑柄。无论我们买的西装价值几何，都要放弃炫耀的念头，去掉袖口的品牌卷标，才不至于在客户面前失礼。

5. 大肚腩遇上三颗扣

交际应酬时，如果我们发现客户的大肚腩被紧紧地绷在一件三颗扣的西装之中，我们多多少少会为他紧张，感觉扣子随时都可能蹦开，心里也会有客户到底会不会穿西装的疑惑。如果一个人身材肥胖，那他就应选择双排扣西装，给人稳重感，要避免穿腰身过于明显的西装，特别是三颗扣及以上款式，容易自曝缺点，给人留下不好的印象。

6. 衬衫过于破旧

穿西装时，不仅要注重外穿的西装是否合身，也要注意内搭的衬衫是否合适。许多男士总以为穿在外套内的衬衫就算有些小污点、磨了边应该也不至于影响体面的外观，然而，这正是一种不修边幅的表现。一般来说，衬衫袖长超过西装袖长约 0.5 ~ 1 厘米为最佳。此外，穿西装不宜搭配短袖衬衫。

7. 鼓起的西服口袋

穿便装时，男士经常会在衣服口袋里塞钱包、钥匙、手机等物品。但在穿西装参加商务应酬时，鼓起的西装口袋就会彻底破坏西装的优雅质感，所以最好选一个质感不错的皮质提包来放置这些东西。

8. 黑皮鞋搭白色运动袜

应酬时，西装革履的我们却伸出了一双白色运动袜搭配运动鞋，或是白色运动袜搭配黑色皮鞋的脚，那么我们在客户心目中的形象就会急剧下降。一般来说，穿西装时，我们应穿黑色、灰色等非彩色系袜子来搭配黑色皮鞋。

看似小小的西装穿着细节，却大大影响着我们交际应酬的成败。从现在开始，关注这些细节，做一个"西装达人"，才能当好"应酬标兵"。

过紧的套裙让你成了"肉粽"

在重要的交际场合，男士宜穿西装，女士则宜穿西装套裙。套裙把潇洒、干练的西装上衣和柔美、雅致的裙子结合在一起，刚柔并济、相得益彰，很好地展现出女性端庄、典雅、高贵的气质。

但是，如若我们不注重穿着套裙的礼仪，而一味地追逐当前服装瘦小贴身的潮流，为自己选择小一号的套裙，紧贴着自己的身体曲线，以显出身材的玲珑美感，反而会成为交际场上的笑料。这时的我们，在他人的眼中就仿佛一个可移动的"肉粽"一般，让人咋舌。

谢婷婷是某公司的总经理助理，平日里喜欢打扮自己，追赶潮流。她体态丰满，喜欢穿紧身的衣服，总经理多次旁敲侧击地提醒她衣服穿得合身一点，可谢婷婷总是充耳不闻，依旧我行我素。鉴于她出色的工作能力，总经理也没有再计较。

一次，总经理让谢婷婷代他前去接待一位重要的女客户。为此，总经理特别嘱咐谢婷婷选一身合身的正式服装。谢婷婷倒是挑选了一身白色的简单款套装穿上，可这套衣服穿在她身上还是小了一号，腰部被勒得死死的，还是一如既往的"肉粽"形象。总经理本想叫谢婷婷回去换一套衣服，可一看时间来不及了，只得作罢。

到了约定地点，女客户一看到谢婷婷的打扮，脸上就闪过一丝惊讶的神色。在随后的谈话中，女客户总是顾左右而言他，明显带着轻视的意味。总经理怒火中烧，却又不便发作。

事后，总经理对谢婷婷的着装大肆批评了一番，责令她立即改正，否则就走人。谢婷婷更是委屈不已，她不明白，自己不就是穿得紧身了一点吗？至于这么小题大做吗？

可以说，谢婷婷的委屈完全是自找的，她没有根据自己的实际情况来选择合适的衣服，让自己穿成了一个鼓鼓囊囊的"肉粽"，严重损害自身形象的同时，也损害了公司的形象。当然，如果是私底下，她想怎么穿就怎么穿。但在工作期间，她必须管理好自己的形象。应酬时，女士们如果不懂得套裙的着装礼仪，必然会落得谢婷婷这样的结果。

若想选择一身合适的套裙，在体现自身的专业性的同时又不缺乏女性的魅力，商务女士们需要注意下面这几点。

1. 尺寸适宜

在交际场合中，女士身着的套裙过长或过短皆不宜，尤其不能上衣过长，而下裙又过短。通常情况下，套裙的上衣最短可齐腰，下裙最长可达小腿中部。裙子下摆恰好达小腿腿围最大处，此为最标准的套裙裙长。此外，套裙不宜紧身，以免有失庄重；也不宜过于宽松，以免有臃肿懒散之嫌。

2. 不选劣质面料

女士在参加应酬时所穿的套裙，不宜选择劣质面料缝制，最好选用纯天然质地的面料，追求平整、光洁、悬垂、挺括的质感，要求面料不仅有弹性、手感好，而且应当不粘毛、不起球、不起皱。上衣和裙子要选用同一质地、同一色彩的素色面料。

3. 色彩宜素净

套裙应当以冷色调为主，借以体现出着装者的典雅、端庄与稳重。一套套裙的全部色彩最好不要超过两种，以免给人杂乱无章之感。在选择套裙颜色时，女士应注意契合自身的条件。如果自己体形偏胖，最好选择深色套裙；如果自己体形偏瘦，则应选择浅色套裙。

4. 套裙的图案

套裙不宜以符号、文字、花卉、宠物、人物等为主体图案，可适当选用以各种或大或小的圆点、或明或暗的条纹、或宽或窄的格子为主要图案。

5. 套裙的鞋袜搭配

穿着套裙时，女士宜搭配黑色等深色皮鞋和肉色等浅色丝袜，并注意鞋、袜、裙之间的颜色是否协调，鞋、裙的色彩必须深于

分寸的学问

或略同于袜子的色彩。

此外，套裙上的点缀宜少不宜多，宜简不宜繁，宜精不宜糙，以简洁大方为主，着重突出女性的端庄之美。用着装给他人留下专业、可信赖的印象，才便于应酬的顺利进行。

好人缘，可以从"头"开始

好印象从头开始。按照一般习惯，打量他人往往是从头部开始的。而头发生长于头顶，位于人体的"制高点"，所以更容易引起人的注意。鉴于此，想要在交际应酬中给对方留下好印象，就要用心打理自己的头发，别让自己的发型给对方留下"老土"或者"不修边幅"的印象。这就需要我们平时注意打理好自己的头发，以便随时都能以端庄的形象出入商务应酬的场合。

反之，如果我们头发凌乱，顶着"鸡窝头"出场，甚至脏兮兮的，我们在客户心目中的形象也会和头发一样恶劣，惹人讨厌，客户哪里还会产生与我们合作的念头，只怕是避之不及。

一个周五的晚上，几个好朋友为了给曹蒙庆祝生日，特意拉着他到理发店烫了个时髦的"鸡窝头"，然后拉着他去了酒吧吃喝玩乐。直到凌晨四点，这帮好友才道别，各自回家睡觉。

早上八点的时候，曹蒙的手机响了，一接，是曹蒙单位经理的电话。因为经理临时有事，所以让曹蒙代他去和一个重要客户签订合同，时间安排在上午九点。从曹蒙家到客户那里至少要四十分钟，要是堵车的话就可能迟到。曹蒙不敢怠慢，赶紧起床，穿上一套西装就出了门。

果然，曹蒙在去的路上遇上了堵车，还好他在最后几分钟顺利赶到了客户那里。一见到曹蒙，客户的脸上闪过耐人寻味的神色。客户先让曹蒙坐下，然后自己去了隔壁房间。过了一会儿，客户对曹蒙说："我看今天这个合同就暂时别签了，咱们以后再约时间，好吧？麻烦你跑了一趟，还请你先回去吧！"

曹蒙觉得莫名其妙，却又不便深问原因，只得怏怏地回去了。随后，曹蒙接到了经理的电话，经理问他搞什么鬼，顶着一个"鸡窝头"就去了，客户还以为他是个小混混，把客户吓了一跳，合同的事情也暂缓了。

曹蒙的一个"鸡窝头"就这样毁了一桩生意。由此可以看出，在应酬时，一个人的发型不仅体现着个人的素质和修养，还代表着公司的素质和修养。一个好的发型才能赢得客户的信任和好感，一个不好的发型是注定不讨喜的。

一般来说，应酬中的我们要注意这样几个关于头发的细节，才不至于失礼于人。

1. 干净整洁

如果我们没有时间打理自己的头发，至少应保持它的干净整洁，一般两天洗一次头为宜（夏天可适当增加频率）。平时也应注意对头发的养护，使其具有自然光泽。

2. 啫喱使用适量

不要过多使用啫喱之类的东西，如要使用，也最好选择无香型，免得和化妆品等气味混杂在一起，令人闻之窒息。

3. 发型有讲究

发型要大方、简洁、易于打理，前发不要遮眼为好。应根据自己的脸型、发质以及工作环境选择适合自己的发型，以展现最佳的专业形象，增强自信。

4. 发色要适宜

一般来说，经常出入商务场合的人士不宜染发，如要染发，选择合适的发色是非常重要的，因为它不仅能够提升个人形象，还能在一定程度上反映出一个人的专业度和品味。下面推荐一些适合商务人士染的发色。

深棕色：深棕色是一种非常适合商务场合的发色，因为它能够给人一种稳重、专业的感觉。这种颜色既能保持低调，又不会显得过于沉闷，是许多商务人士的首选。

黑色：黑色是一种非常经典的颜色，适合各种正式场合。它不仅能够凸显出商务人士的成熟和稳重，还能与各种职业装相搭配，展现出专业形象。

摩卡棕色：摩卡棕是一种比较深的棕色，不挑人，适合各种肤色。

切忌染过于夸张的黄色、蓝色、绿色等，这些都属于街头的颜色，和宴会上正式的氛围不协调。

应酬时，别忘了注意我们的头发形象，避免引发"一个鸡窝头，毁掉一桩生意"的悲剧。

优雅的举止体现的是一种内涵

在社会交往活动中，要想给对方留下美好而深刻的印象，外在的美固然重要，而高雅的谈吐、优雅的举止等内在涵养的表现，则更为人们所喜爱。这就要求我们在日常生活中有意识地锻炼自己，养成良好的站、坐、行姿态，做到举止端庄、优雅、得体。

人们经常会有这样的体验，喜欢某个人，往往不是喜欢对方的外表，而是为对方的气质所着迷。这也正应了那句话：一个人的真正魅力主要在于其特有的气质。

气质美主要表现在言行举止方面，一举手、一投足、说话的表情、待人接物的分寸，皆属此列。朋友初交，互相打量，立刻对对方产生好感，这份好感除了来自言谈之外，便是气质的感染。

说一个人气质高雅，突出的表现就在于其仪表修饰得体，言辞幽默不俗，态度谦逊，待人接物沉着稳定、落落大方、彬彬有礼，让人一见肃然起敬。

下面就介绍一下关于站、坐、行三方面的基本举止礼仪。

1. 站如松

所谓站如松，是指站姿要正、要直。人的正常站姿，也就是人在自然直立时的姿势，其基本要求是头正、颈直，两眼向前平视，闭嘴，下颌微收；双肩要平，微向后张，挺胸收腹，上身自然挺拔；两臂自然下垂，手指并拢自然微屈，中指压裤缝；两腿挺直，膝盖相碰，脚跟并拢，脚尖张开；身体重心落在两脚正中。从整体看，呈现出一种优美挺拔、精神饱满的体态。

在站立时，切忌无精打采地耸肩勾背，或者懒洋洋地倚靠在墙上、桌边或其他可倚靠的东西上，这样会破坏我们的形象。站立谈话时，可随谈话内容适当做些手势。在正式场合，不宜将手插在裤袋里或交叉在胸前，更不要下意识地做小动作，如摆弄打火机、香烟盒，玩弄衣带、发辫，咬手指甲等。这样不但显得拘谨，给人以缺乏自信和经验的感觉，而且也有失仪态。

2. 坐如钟

所谓坐如钟，是指坐姿要端正。人的正常坐姿，在其身后没有任何倚靠物时，上身应挺直稍向前倾，头平正，两臂贴身自然下垂，两手随意放在自己腿上，两腿间距与肩宽大致相等，两脚自然着地，这就是我们常说的"坐有坐相"。背后有倚靠物时，在正式社交场合，也不能随意地把头向后仰靠，显出很懒散的样子。

在日常生活中，我们不可能处处这样端庄稳重。但是为了保证坐姿的正确、优美，我们还必须注意以下几点：一是落座以后，两腿不要分得太开，这样坐尤为不雅，尤其是女性更应注意。二是与人交谈时，勿将上身向前倾或以手支撑着下巴。三是落座后应该保持安静，不可四处张望，给人一种不安分的感觉。四是坐下后双手可相交放在大腿上，或轻搭在扶手上，但手心应向下。五是如果座位后有倚靠物，不可向后仰，也不能把腿架在茶几上，这是非常失礼的表现。六是端坐时间过长，会使人感觉疲劳，这时可变换为侧坐。七是在社交场合，入座要轻柔和缓，离座要端庄稳重，不可猛起猛坐，弄得座椅乱响，更不能打翻桌上的茶杯等用具。

3. 走姿优美

行走的姿势是行为礼仪中必不可少的部分。每个人行走的时间比站立的时间要多很多，而且行走一般又是在公共场所进行的，所以我们要非常重视行走姿势。

走路时，两臂应自然、轻松地摆动，使自己走在一定的节奏中，显得自然、优美，否则就会失去节奏感，使整体显得非常不协调。正确的走路姿势应是轻而稳，胸要挺，头抬起，眼平视，步调合乎标准。

优雅的举止有助于我们形成高雅的气质，气质高雅的人往往受人尊重、喜欢。大家都认为这样的人办事稳重，有分寸，有高度的责任感。所以，许多公司经常委派这样的员工负责公关部的接待工作，用以树立公司的形象，赢得客户的信赖。拥有这种气质类型的人，在工作中业绩往往比较突出，因为这种气质给人以诚恳、实在、不虚妄的感觉，容易让人产生信任感。信任一个人同信任一件产品一样重要，人们接受我们的产品，首先要接受我们。

在社交场合中，我们不仅要注意自己的言谈举止，更应该从理想、情操、思想、学识和素质上努力培养自己，使外在美的绚丽之花开在内在精神美的沃土之上。举手投足间尽显迷人风采的人必然会以其优雅的言谈举止、高尚的品德情操赢得更多人的喜爱，从而拥有更为丰富的人脉资源。

握手是从掌心开始的交流

握手是人们日常交际的基本礼仪之一，可以体现出一个人的情感和意向。握手在人际交往中如此重要，可有人往往做得并不太好。

艾丽是位热情而敏感的女士，目前在某著名房地产公司任副总裁。一天，艾丽接待了某建筑材料公司主管销售的韦经理。韦经理被秘书领进了艾丽的办公室，秘书对艾丽说："艾总，这是ＸＸ公司的韦经理。"

艾丽离开办公桌，面带笑容，走向韦经理。韦经理先伸出手来，让艾丽握了握。艾丽客气地对他说："很高兴韦经理来为我们公司介绍这些产品。这样吧，先让我看一看这些材料，看完再和你联系。"几分钟后，韦经理就被艾丽送出了办公室。之后的几天，韦经理多次给艾丽办公室打电话，但得到的都是秘书"艾总不在"的回答。

　　到底是什么让艾丽这么反感一个只说了几句话的人呢？后来，艾丽在一次讨论形象的会上提到这件事，她仍余气未消："首次见面，他留给我的印象不仅是不懂基本的商务礼仪，而且还没有绅士风度。他职位低于我，怎么能像领导一样高高在上地伸出手让我走过去握呢？他的手握起来像一条死鱼，冰冷、毫无热情。当我握他的手时，他的手也没有任何反应，没有回握我的手。握手的这几秒钟，他就给我留下了一个极坏的印象。那次握手没有让我感到他对我的尊重，他对我们的会面也并不重视。作为一个公司的销售经理，居然不懂得基本的握手礼仪，显然他不是那种经过严格职业训练的人。而他的公司能够雇用这种素质的人做销售经理，可见这个公司的管理人员的基本素质和层次也不高。这种由素质低下的人组成的管理阶层，怎么可能会严格遵守商业道德，提供优质且价格合理的建筑材料呢？我们这种体量的房地产公司，怎么能够与这种作坊式的公司合作？怎么放心让他们为我们提供建筑材料呢？"

　　握手是陌生人之间的第一次肢体接触，虽然只有几秒钟的时间，但这短短的几秒钟是如此关键，决定了别人对我们的重视程度。握手的方式、力道的大小、手掌的湿度等，像哑剧一样无声地向对方展示我们的性格、可信程度、心理状态等。握手的方式体现出我们对别人的态度是热情还是冷淡，是积极还是消极，是尊重别人、诚恳相待，还是居高临下、敷衍了事。一次积极的、有力度的正确的握手，表达了我们友好的态度和可信度，也表现出我们对别人的重视和尊重。一次无力的、漫不经心的、错误的握手，会立刻让我们在对方的心里留下非常不好的第一印象。有时也可能会像上面的那位销售经理一样，失去极好的商业合作机会。因此，握手在商业社会里几乎意味着经济效益。

一位推销员在退休后创办了一家化妆品公司。刚开业时，公司雇员仅有 10 人。20 年后，公司发展成为拥有 5000 名员工、年销售额几十亿的大公司。

该企业家为何能在退休后取得如此巨大的成就？她说，她是从懂得真诚握手开始的。

这位企业家在自己创业前，在一家公司当推销员。有一次，开了整整一天会之后，她排队等了三个小时，希望和销售经理握握手。可是，销售经理与她握手时，只与她的手碰了一下，连瞧都没瞧她一眼，这极大地伤害了她的自尊心，工作的热情再也调动不起来。当时她下定决心："如果有那么一天，有人排队等着和我握手，我将把注意力全部集中在站在我面前和我握手的人身上——不管我有多累！"

果然，从她创立公司的那一天开始，她无数次地和人握手，总是公正、友好、全神贯注地与每一个人握手。她的热情与真诚打动了每一个人，许多人因此与她合作，于是她的事业蒸蒸日上。

握手是很有学问的。美国著名作家海伦·凯勒写道："我接触过的手，虽然无言，却极有表现力。有些人的手能拒人于千里之外，我握着他们冷冰冰的指尖，就像和凛冽的北风握手一样。也有些人的手充满阳光，他们握住你的手，使你感到温暖。"

所以，为了在这轻轻一握中传达出热情的问候、真诚的祝愿、殷切的期盼、由衷的感谢，我们必须牢牢把握握手的分寸和握手的细节。

有心的人能准确喊出对方的名字

把一个人的名字记全，并很自然地叫出口，是最简单、最明显、最能获得对方好感的方法之一。特别是在高级社交场合中，因为每个人都是有身份和地位的人，每天都会面对很多人，所以如果能记住对方的名字并且能够亲切地喊出来，那么对于对方来说，这无疑是一种尊重和肯定。

美国人吉姆是第二次世界大战期间的一位传奇人物。吉姆小时候家里很穷，10岁就辍学去一家砖厂做工。吉姆没有机会接受更多的教育，可是他乐观的性格自然使人们喜欢他，愿意跟他接触。在成长的过程中，吉姆逐渐养成了一种善于记忆人们名字的特殊才能，这对他后来从政起到了重要的作用。

罗斯福开始竞选总统前的几个月中，吉姆一天要写数百封信，分发给美国西部各州的熟人、朋友。而后，他乘火车，在 19 天的旅途中，走遍美国几十个州，行程上万千米。他除了乘坐火车外，还乘坐其他交通工具，如马车、汽车、轮船等。吉姆每到一个城镇，都去找熟人进行一次极诚恳的谈话，接着再开始下一段行程。当他回到美国东部时，立即给在各城镇的朋友写信，请他们把曾经和他们谈过话的客人的名单寄给他。名单上那些不计其数的人，都得到吉姆亲切而礼貌的复函。

吉姆早就发现，一般人对自己的姓名最感兴趣。把一个人的姓名记住，并很自然地叫出口，便意味着对他的恭维和赞赏。反之，若把那人的名字忘记或是叫错，不但会使对方难堪，而且对我们自己也是一种很大的损害。后来，吉姆凭借他这惊人的本领，成为美国邮政局局长和民主党全国委员会主席。

但仅仅记住别人的名字还远远不够，在社交场合中，称呼对方时要得体。

许多人认为，喊名字是一件最容易不过的事情。虽然在日常生活中，我们每天要喊出许多人的名字，但仔细回想起来效果却不一样。有人说："记住他人的名字是远远不够的，更重要的是怎么叫出名字。"

用清晰的声音喊出别人的名字，是人际交往的第一步。它意味着我们对别人持一种重视的态度。含糊不清地叫喊会使对方感到不愉快，以为我们把他看得无足轻重，或者根本不把他放在心上。当多年未见的朋友突然出现在我们面前时，清晰地叫出他的名字将是对他最好的欢迎方式，说明无论隔多少年，我们仍然记得彼此间的友情。当我们置身在许多人中间时，没有什么比清晰地叫出他们的名字更能够说明我们对他们的关注了。

叫别人的名字也是一门学问，它能带来好人缘，也能带来坏名声。对女性尽量不要称"老"，对不熟的异性不要称呼得过于亲热，在姓氏后面加"老"字是一种至尊称呼，不能随便用。例如，称呼一个年老的人为"老李""老陈"是很平常的事，但一般不能称他们为"李老"或"陈老"，因为后一种称呼法已超出一般意义，包含着相当强烈的尊敬色彩。

牢记他人的名字并得体地称呼对方，是对对方的一种尊重，也是树立自己良好形象的一个有效方法。所以在社交中，聪明的人一定要多费心思，记住与自己交往的人的名字，大方得体地叫出来，我们会发现发生在自己身上的变化与惊喜。

杜绝听觉"污染"

有人把声音誉为"沟通中最强有力的乐器"，然而，很多人却不知道，自己的声音是"坏了的乐器"，其恐怖程度常常令周围人深感头痛。

蔺戴是公司新来的员工，刚刚大学毕业，活泼好动。一天，公司在附近餐厅举办迎新会，以便新员工与老员工进一步交流。蔺戴作为新员工代表发言，可能是性格原因，也可能是想在大家面前出出风头，蔺戴开始了她的即兴演讲。只见她侃侃而谈，超高分贝震慑全场。或许是太过自信，蔺戴发表了半小时的演讲后还意犹未尽，丝毫不顾主持人的提醒，还在那里没完没了地讲。经理看了直皱眉头，在场的其他同事碍于情面又不好遮住耳朵，临近门边的同事都借故闪出了门外。

蔺戴原想通过即兴发言给大家留下一个好的印象，谁知由于她的声音过于刺耳，反而让人感到不舒服，更何况她完全忘记了自己的身份和所处的场合。只顾没完没了地"自我表现"，怎么能不让人头痛呢？

语言沟通在宴会中是必不可少的，既然如此，我们必须注意自己的声音。动听的声音应该是饱满的、充满活力的，能够调动他人的情感，引起他人的共鸣。如果不注意声音的控制，用尖锐的声音去吸引别人的注意力，只会在不经意间毁坏自己的形象。毕竟谁愿意让那会令自己头痛的"超声波"刺激自己的双耳，扰乱自己的听觉神经，破坏自己的情绪呢？

所以，无论我们在什么样的社交场合，无论是男士还是女士，都要注意以生动的声音表现自己，尽量避免自己的地方口音，力求以抑扬顿挫的语调表现自己充满激情的精神风貌。此外，还要明确自己的身份以及赴宴的目的，把握好音量，切忌"不拘小节"，以"超声波"蹂躏宴会上的其他人，惹人生厌。

"身送七步"，注意送人的礼节

俗话说："出迎三步，身送七步。"意思是迎客时要向前三步，送客时要送七步。在应酬接待中，许多人往往很重视对客户的迎接礼仪，却常常忽视了对客户的欢送礼仪，这样就常常给人以"人走茶凉"的悲凉感，无形中引起别人的不满，为自己的事业发展增加了阻力。

在应酬中，许多知名企业家都深知"身送七步"的重要性，也格外注重送人的礼节，中国香港商业巨人李嘉诚对客户的欢送礼仪就是一个绝佳的典范。

一位内地企业家在接受电视台采访时谈到了他去李嘉诚办公室拜访李嘉诚的经历。那天，李嘉诚和儿子一起接待了他。会谈结束之后，李嘉诚起身陪他从办公室出来，把他送到电梯口。更让他惊讶的是，李嘉诚不是把他送到电梯口就转身走开，而是一直等到电梯上来，他进了电梯，再举手告别，一直等到电梯门合上。李嘉诚事务繁忙，可他依旧注重礼节，严格遵循"身送七步"的礼仪，亲自送客，没有一丝一毫的怠慢之举。这位内地企业家动情地说："李嘉诚先生对我们晚辈如此尊重，他不成功都难。"

"身送七步"是很重要的待客礼仪，经常在应酬场上的人更要铭记在心，以实际行动给客户贴心之感，才能拉近和客户的心理距离，促成合作。

作为常应酬的人，不仅要认识到迎接客人的重要性，更要认识到送客礼仪的重要性。不要做到了"出迎三步"，却忘记了"身送七步"，否则会给客户留下"虎头蛇尾"的印象，甚至造成前功尽弃、功亏一篑的局面。

送客时应注意以下几点。

1. 让客户先起身

当客户提出要离开时，要等客户起身后再站起来相送，切忌没等客户起身，自己先于客户起身相送。更不能嘴里说着再见，而手中却还忙着自己的其他事，甚至连目光也没有转到客户身上。

2. 送客也不失热忱

在客户起身后，主动为客户取下衣帽，与客户握手告别，同时选择最合适的言辞送别，如"招待不周，希望下次再来"等礼貌用语。每次见面结束，都要以期待再次见面的心情来恭送对方。尤其对初次来访的客户，更要热情、周到、细致。

3. 代客提重物

当客户带着较多或较重的物品离开时，应帮客户提重物。与客户在门口、电梯口或汽车旁告别时，要与客户握手，目送客户离开，以恭敬真诚的态度，笑容可掬地送客。不要急于返回，应挥手致意，待客户走出视线后，才可结束告别仪式。否则，当客户走完一段再回头致意时，发现主人已经离开，心里会很不是滋味。

4. 晚一步关门

许多时候，有些人将客户送出门外，不等客户走远，就"砰"的一声将门关上，往往给客户遭遇了"闭门羹"的恶劣感觉，并且很有可能因此而"砰"掉客户来访期间建立起来的情感联系。因此，在送客返身进门后，应将房门轻轻关上，不要使其发出声响，最好是等客户走远后再轻声关上门。

心理学上不但有首因效应，也有近因效应。"最初的"和"最后的"信息，都能给人们留下深刻印象，"最初的"印象尚可弥补，而"最后的"印象往往无法改变——"送往"的意义大于"迎来"的意义。做到"出迎三步"，我们的商务应酬只能属于初步及格水准；做到"身送七步"，我们才能迈入商务应酬优秀者的行列。

选择对方方便的时间打电话

给别人打电话，尤其是商务电话，最好事先约定一个通话时间，或者选择一个对方方便的时间打。选择适宜的通话时间，关键是要替对方考虑，看看这个时间对对方来说是否合适。此外，选择通话时间也要考虑到我们和客户的交往程度。只要考虑到这两点，就可以找到一个适宜的通话时间。这会让客户更容易接受我们，让我们赢得一个更高的起点。

在不恰当的时间打电话是很失礼的，尤其是在打商务电话时，更应该注意时间是否恰当。由于工作关系，很多人作息时间并不一致，因此，不要以自己的作息时间来规范别人。初次见面，交换名片或互留电话时，可先询问对方方便接听电话的时间。

一般而言，大多数人一天的作息时间如下。

1. 上午 8：00 —10：00

这段时间大多数客户会紧张地办公，这时接到一般的电话也无暇顾及，所以这时我们不妨先安排自己的工作。

2. 上午 10：00 —11：00

这时段客户大多不是很忙碌，一些事情也处理完毕，这段时间是电话沟通的最佳时段。

3. 上午 11：30 —下午 2：00

午饭时间，除非有急事，否则不要轻易打电话。

4. 下午 2：00 —3：00

这段时间人会感觉到烦躁，尤其是夏天，所以这个时间段里不要去和客户谈生意。

5. 下午 3：00 —6：00

尽情地打电话吧，我们在这个时段里容易取得成功。

当然，如果我们想了解客户的作息时间，以确保万无一失，可以在不同的时间段打电话试试，那么我们很快就可掌握不同客户的最佳联系时间。我们要记住向客户问下面几个问题：

"每天什么时间给您打电话最合适？"

"请您告诉我每天的什么时间最容易找到您？"

"在一天里，什么时间您最方便？"

同时，打商务电话是为了达到成交的目的，往往需要与客户进行三番五次的沟通。在这一过程中，如果有重要的事情需与客户沟通，可以事先约好时间，这样才能保证商务计划的顺利进行。

曾经，某著名网站邀请培训师给他们公司做一场内训，因为培训师的时间很紧，便由助理帮他约好时间。该公司的培训部要求几个经理必须全部在线，在电话里聆听他们将要讨论的细节，这样他们通过电话就能把所有的问题解决了。

如果他们没有提前预约，到时候可能会因为有人临时有事而不能参加讨论，那么耽误的便是大家的时间，问题也不可能那么容易就得到解决了。

另外，尽量不要在别人的私人时间里打商务电话，特别是在节假日里麻烦对方。如果能有意识地避开对方的通话高峰时间、业务繁忙时间、生理厌倦时间，打电话的效果会更好。

会计师在月初和月末最忙，这段时间不宜接触；医生在上午最忙，下雨天稍微空闲；销售人员最闲的日子是热天、雨天或冷天，或者上午 9 点前、下午 4 点后；行政人员从上午 10 点半到下午 3 点最忙；家庭主妇最适合的时间是上午 10 至 11 点；高层人士最适合的时间是早上 8 点前、下午 5 点后。

总之，在我们的业务与客户有直接利害关系的情况下，我们可以在客户工作时间打电话，这样可能会更有利于沟通；如果我们的业务与客户没有直接的利害关系，客户可能对这样的事情不太感兴趣，我们最好等到客户清闲下来的时候再打电话交流。

接电话时，别让铃响多于三声

当出于某种目的而打电话时，每个人都习惯于在电话被接通前的时间里最后调整一下思绪，再次在心里重申此次去电的目的。电话被接通前的等待时间，往往被人们的惯性思维所设限，大多以电话铃响三声为限，三声之内接听，则容易打乱拨打者的思绪，而三声之后还无人接听，拨打者就会逐渐焦躁起来。

因此，电话铃一响，应尽快接听，而不要置若罔闻，或有意延误时间，让对方久等。拖延时间不仅失礼，甚至会产生许多不必要的误会。

此外，若在某些特殊情况下，人们实在难以做到"响三声就接"，则应注意灵活处理，接听后给予对方合理的解释，并致以诚挚的歉意。

某公司的经理在会议室接待客户时，突然秘书前来转告他有一个紧急电话，是老板在为一个项目的失利大发雷霆。经理听后惊恐万分，也顾不得和客户解释，就急匆匆地离开会议室，前去接听电话。经过经理百般解释，老板才知道这原来是个误会，是某位下属不小心送错了材料所致。和老板通完电话，经理才想起客户还在会议室里，便又急匆匆地赶到会议室，可惜客户早已经离开了。离开前，客户还给经理秘书留下一句话："你们经理实在太忙了，我看合约的事情还是等以后再说吧！"

事后，不管这位经理如何解释，客户都没能原谅他的失礼，一笔生意也就此泡汤。

遇到既要接待客户又要接听紧急电话的情况时，不仅要分清主次，更要不失礼节。如果电话过于紧急而不得不接，就需要向客户致以诚挚的歉意，在获得客户充分理解的情况下再去接电话。或者接起电话向来电者致歉，另约时间回电，再继续接待客户。

总之，电话铃声一旦响起，要立即放下手头的事，迅速接起电话，即使是离座机很远也要赶紧过去接电话。

接听电话是否及时不仅反映了一个人待人接物的真实态度，更代表了一个公司工作效率的高低，直接影响到来电客户对公司的印象。

暂停通话时，别让对方等太久

接听电话时，有时会遇到让对方等待的情况，这时要向对方说明一下并表示歉意，这是一项很重要的商务礼仪。让对方等待时，切记不可让对方等太久，在电话搁置 15 秒钟之后一定要有所回应，表明我们时刻关注着对方。

有些人认为，反正自己是在为对方查找资料，所以让对方在电话中等候一些时间也是无所谓的。但是，不管我们是否在为对方查找资料，我们所耗费的时间，实际上代表着自己公司的工作效率以及我们本人的办事能力。同时，我们是否礼貌应对也会影响到公司的形象。

另外，如果我们只是将电话搁在一边而没有按等候键，办公室其他人员的谈话就会传到对方耳朵里。这些谈话可能涉及公司的机密，也可能是一些无关人员的闲聊，这样无形中要么泄露公司的机密，要么让对方知道自己公司的员工上班时谈论与工作无关的事情，从而影响公司在客户眼中的形象。

所以，为了表示礼貌，在让对方等候时应先征询其意见。不过为避免误解，不要问对方"能否问一下，您是否能持机稍候"，因为如果对方回答"可以"，也许意味着"可以如此提问"，而并非"可以持机稍候"。正确的问法应该是"您能持机稍候一会儿吗"或"您可以持机稍候吗"，问完后要等一下，待得到对方的肯定答复后再离开。到再次拿起话筒时，还要先表示一番歉意。

让人等候时，每隔 15～30 秒钟就应核实一下对方是否还在等着，并让对方知道我们此时在干什么。如说"还要几分钟才能整理好您要的资料，麻烦您久等了。要不，过会儿我再给您去电，好吗？"要让对方有选择的余地才合乎礼仪，因为这表示对对方的尊重，同时也表明我们在时刻关注着对方。

需请对方等候多久，不能含糊其词，更不能弄虚作假，一定要诚实。在不确定的情况下不要说"我马上就回来"，可以说"请等我接完那个电话马上就来"。若不能在短时间内找齐对方所需要的资料，最好不要让对方久等，应另约时间回话。

要是自己处理不了，转交旁人办理时，应先接通来电人的电话，告知对方实际情况。

应向接手人简要介绍一下来电人的要求，以免来电人再次重复，同时也可使接手人知道来电人已等了很久，这样不致再添不必要的麻烦。

如果做到这些，客户一定会因为我们如此礼貌而对我们以及公司产生好感，这样就更容易促成合作。

另外，如果要让对方继续等候，要注意使用礼貌用语。例如，可以说：

"对不起，您需要的资料我要到文件柜里找一找，可能需要两分钟。"

"您是继续等待呢，还是待我查到后再给您打过去？"

让对方等待时间不超过 30 秒，超过时要有所回应。可以说：

"请稍等……我已找到了部分资料，但还有一些……"

"谢谢您等候了这么长时间，您刚才要的资料……"

第六章

办事的分寸：
高手如何把事办得成功、漂亮

在求人的理由上做文章

求人办事也要名正言顺，要有个理由或说法，即找个借口或做个解释。在求人的理由上做文章，实际上就是为自己求人办事寻找个好借口。

人不论做什么事情，总希望能给别人一个说法。即使是个无赖之人，也不愿让别人说自己无理取闹，他们总会有自己的"歪理"。皇帝杀臣子、除异己，也会给文武大臣一个解释，真是"欲加之罪，何患无辞"。在求人办事时，我们也总要为自己找个借口。借口能信手拈来，只是能令人信服的程度有高有低。

借口，其实就是"没理找理"，所以找借口时要有一副"理直气壮"的样子。

有这样一个很有趣的故事。有一个人因偷窃被当场捉到。不料，小偷一点儿也不畏惧，反而理直气壮地说："如果我拿了东西又逃走，那才算是偷，但我现在只是拿到东西而已，大不了把东西还给你。"说完，他就大摇大摆地走了。

在我们看来，这个小偷本应是理屈词穷，谁也不会想到他还可以这样狡辩，这确实不简单。

　　当然，这里并不是鼓励大家采取拒绝承认错误的态度或学习颠倒黑白的行为。这里要强调的是，有些人面对初次见面的人，就以理亏的口吻说话，这种无谓的谦卑，反而会使自己站不住脚，并无益处。找人办事，总是要找一定的理由的，但具体怎样找理由就应该下一番功夫了。

　　以广告人为例，他们可以说个个都是找借口的高手。当速溶咖啡在美国首度推出时，曾有这样一段故事。

　　公司本来预测这种"简单""方便"的咖啡会大受家庭主妇的欢迎。没想到事与愿违，其销售量并不可观，大概是因为"偷工减料"的印象太深。在当时的美国，很多人认为咖啡是一种必须在家里从磨豆子开始做起的饮料，既费时又费力。但现在只要注入热水就能冲出一大杯咖啡来，怎么看都太过简单了。

　　所以，厂商将"简单""方便"的正面直接宣传改为强调可以有效利用节省下来的时间的广告战略——"请把节省下来的时间用在其他事情上"。

　　这种改变宣传口号的做法，消除了身为消费者主体的主妇们"对省事的东西趋之若鹜"的内疚感，因为"我使用速成食品，一点儿也不是为了自己的享乐，而是因为可以把节省下来的时间用到其他事情上"。此后，速溶咖啡销售量急速上升。

　　人就是这样，办事情讲究名正言顺，你给他一个名，他是很乐于做些"自欺欺人"的事的，尤其是事情对自己有利的时候。实际上，嗜酒者很多时候不会主动要求喝酒，而以"你想喝，我就陪你喝", 或者"我奉陪到底""舍命陪君子"这类借口来达到目的, 表面上既不支持也不反对。

一些人尤其擅长找借口, 即使他们知道是自己的责任, 也会一味推卸。找这种人办事, 应利用他们的这种心理, 先替他们找好借口, 他们就不会再推辞。

总之, 在求人办事时, 先在理由上做足文章, 为对方找个台阶。

求人办事要抓住时机

求人办事, 把握住时机是非常重要的。当我们摸清了对方的心理并等到一个合适的时机时, 应该当机立断, 立刻出击, 避免因犹豫不决而贻误良机, 这样就可以迅速达到自己的目的。

一个人的成功, 除了依赖一定的条件之外, 机会的作用也是不可忽视的。就连韩愈也在他的《与鄂州柳中丞书》中写道:"动皆中于机会, 以取胜于当世。"

比如, 我们要升职。本公司的领导因为某种原因, 或是工作突出被提拔了, 或是到法定年龄退休了, 或是因工作犯了错误而被解职了等, 使其原来的职位出现了空缺, 这个空缺就为我们创造了一个升迁的机会。如果这个机会来临之时, 我们不知道想办法抓住它, 那机会就会与我们失之交臂。

也许有人会对此不以为然，认为自己被提拔是因为自己拥有某些才能。这种说法带有一定的片面性。因为当一个人被提拔时，首先要有空缺的职位。当然，我们不否认才能在提拔中的作用。

时机对于办事效果就是这样重要。时机不出现，有时任我们费尽九牛二虎之力，也办不好、办不成事情；一旦时机出现了，就算我们不想办某事，也会歪打正着地办成某事，然而，这属于一种非普遍的机会。

一般而言，大多数机遇都是主体努力创造的结果。比如说，下级主动承担某项重要工作而取得不俗的成绩或显露出惊人的才华，这样便能引起领导的重视、赏识，进而成功晋升。

所以，要想成功，关键还是要靠我们自己主观努力来把握住时机。

要把握住时机，最重要的是要认清时机。所谓时机，就是指具有时间性的有利的客观条件。一个人在丧子的悲痛中还没解脱出来，你却上门托他给你的儿子说媒，你无疑是会碰壁的；领导正为应付上级检查而忙得焦头烂额的时候，你却找他去谈待遇的不公，那你肯定要吃"闭门羹"，甚至遭到训斥。掌握好说话的时机，才能提高办事的成功率。下面这两种时机可以说是求对方办事的最佳时机。在办事的过程中，一定要把它牢牢抓住，我们才会取得事半功倍的效果。

1.在对方情绪高涨时

人的情绪有高潮期，也有低潮期。当人的情绪处于低潮时，思维就显现出封闭状态，心理具有逆反性。这时，即使是最要好的朋友称赞他，他也可能不予理睬，更何况是求他办事。而当人的情绪高涨时，其思维和心理状态与处于低潮期的思维和心理状态正好相反，此时，他比以往任何时候都心情愉快，表面和颜悦色，内心宽宏大量，能接受别人对他的求助，能原谅一般人的过错，也不过于计较对方的言辞；同时，待人也比较温和、谦虚，能听进对方的一些意见。因此，对方情绪高涨时，正是我们与其谈话的好机会，切莫坐失良机。

2. 在给对方帮忙之后

中国人历来讲究"礼尚往来""滴水之恩当涌泉相报"。在我们给某个人帮了忙后，对方就欠下了我们一份人情，这样，在我们有事求对方帮忙的时候，对方一般会知恩图报。在不损害对方利益的前提下，对方能做到的事情，一般情况下会竭尽全力去帮助我们。"将欲取之，必先与之。"托人办事的时机，我们是可以预先创造的。

先为自己留好退路

在这个世界上，我们不可能独来独往。做自己的事情时，有时会涉及别人的利益。因此，我们在做事的过程中，必须全盘衡量，把握分寸，协调好各方面的利害关系，在争取我们自己利益的同时，绝不能伤害他人。这就要求我们在做事时先为自己留好退路。尤其是有些事情，一旦做了，可能就违情、违理，使自己或别人遭受名誉、经济的损失。

东汉时期，光武帝的姐姐湖阳公主新寡，光武帝有意将她嫁给大臣宋弘，但不知她是否同意。于是，光武帝就和湖阳公主一块儿议论朝廷大臣，暗中观察湖阳公主的心意。后来，湖阳公主说："宋大人的风度、容貌、品德、才干，谁都比不上……"光武帝听说后就有意要促成这门亲事。过了不多久，宋弘就被光武帝召见，光武帝叫湖阳公主坐在屏风后面。然后，光武帝带有暗示性地对宋弘说："俗语说：'贵易交，富易妻。'这是人之常情吧？"宋弘说："古语说：'贫贱之知不可忘，糟糠之妻不下堂。'共患难的妻子是不应该被赶出家门的。"光武帝听完后转头对屏风后面的湖阳公主说："这事办不成了！"

很显然，这件事属于不该办的事，因为宋弘有妻室，湖阳公主显然属于"第三者插足"。如果光武帝办成了这件事，虽然在当时不属违法行为，但却是违背情理的。当然光武帝也知道，所以就事先为自己留有退路，借用"贵易交，富易妻"来表达，宋弘以"贫贱之知不可忘，糟糠之妻不下堂"来回应，既保住了光武帝的面子，也顺利地推脱了事情。

所以，当有人违背我们的人生信念而托我们办事时，我们绝不能贪图一时之利，而不负责任地答应他、纵容他，一定要慎重考虑这件事可能引起的后果。

另外，在做事时，既要考虑到有成功的可能，也要考虑到有失败的可能，两者兼顾，方能周全。在欲进未进之时，应该认真地想一想，万一不成功怎么办，以便及早地为自己留一条退路。

清朝乾隆年间，员外郎海升的妻子死于非命，海升的内弟贵宁状告海升将他姐姐殴打致死，海升却说他姐姐是自缢而亡。案子越闹越大，难以作出决断。步军统领衙门处理不了，又交到了刑部。经刑部审理，仍没有结果，原因是贵宁坚持认为姐姐并非自缢。

后来，经刑部奏请，乾隆特派朝中大员复检。

这个案子本来并不复杂，但由于海升是大学士兼军机大臣阿桂的亲戚，审案官员怕得罪阿桂，就有意包庇海升，判海升的妻子为自缢，给海升开脱罪责。没想到贵宁不依不饶，不断上告，惊动了皇上。皇上派左都御史纪晓岚，会同刑部侍郎景禄、杜玉林、御史崇泰、郑徵和刑部庆兴等人，前去开棺验尸。

纪晓岚接了这桩案子，也感到很头痛，不是因为他没有断案的能力，而是因为牵扯到阿桂与和珅。海升是阿桂的亲戚，纪晓岚敢推翻原判吗？而贵宁这边又不肯罢休，他何以有如此胆量呢？原来贵宁得到了和珅的暗中支持。和珅的目的何在？他想借机除掉阿桂。而和珅与纪晓岚积怨又深，纪晓岚若是断案向着阿桂，和珅能不借机整他一下吗？

打开棺材，纪晓岚等人一同验看。验来验去，纪晓岚看死尸并无缢死的痕迹，心中已明白，但口中不说，他要先听听大家的意见。

景禄、杜玉林、崇泰、郑徵、庆兴等人都说死者脖子上有伤痕，显然是自缢而亡的。这下纪晓岚有了主意，于是他说道："我是短视眼，有无伤痕也看不太清，似有也似无。既然诸公看得清楚，那就这么定吧。"于是，纪晓岚与来验尸的官员一同签名具奏："公同检验伤痕，实系缢死。"这下更把贵宁激怒了。他这次连步军统领衙门、刑部、都察院一块儿告，说因为海升是阿桂的亲戚，所以这些官员有意袒护他而徇私舞弊、断案不公。

后来，乾隆又派侍郎曹文埴、伊龄阿等人复验。曹文埴等人奏称，尸身并无缢痕。乾隆觉得这事与阿桂关系很大，便派阿桂、和珅会同刑部堂官及原验、复验堂官，一同检验。这下终于真相大白：海升之妻系被殴打而死。海升也供认是自己将其殴踢致死，制造自缢假象。

案情真相大白，几十名原验、复验官员，一下子都倒霉了！有被革职的，有被发配到边疆的。唯独纪晓岚，乾隆只给他个革职留任的处分，不久又将他官复原职。因为纪晓岚曾说自己"短视"，这就为自己留了退路。

有个成语叫"狡兔三窟"，意指兔子有三个藏身的洞穴，即使其中一个被破坏了，尚存两个；如果两个被破坏了，还剩一个。这其实是一种居安思危的生存方式，也是一种有先见之明的预防策略。在做事时，我们不妨学学这一招。

用最大的努力去争取好的结果，同时做好失败的准备，这样就能以不变应万变，从而立于不败之地。

处于弱势时，就先退几步

办任何事，都要在忍耐中懂得进退之法，处于弱势时，就先退几步。进退之法是许多成大事者的行动要略。

李鸿章在权力的争斗中，就很好地做到了这一点。

当时大太监李莲英深受慈禧太后的宠爱，权倾朝野，人人望而生畏，人称"九千岁"。李莲英狐假虎威，老谋深算，心狠手辣。李鸿章以军功升高官后，无意中得罪了李莲英，因此，李莲英就想给他点颜色瞧瞧。

不久后，慈禧太后有意静居，想把清漪园修缮一番，以便颐养天年，但却苦于筹款无术，时常焦躁。李莲英趁机对李鸿章说："李爵爷是朝廷重臣，若能办成此事，以慰太后，以宽圣心，当立下不世之功。"

李鸿章思量之后马上献计献策，同李莲英商量。李莲英大喜，拍手称赞，笑容可掬地奉承了李鸿章一番。接着，李莲英又谦恭有礼地希望李鸿章入园内踏勘一回，看看哪里该拆该建，做到心中有数。

可是到了约定的日子，李莲英却借口有事不能奉陪，只派了个太监领着李鸿章转悠了一整天。事后不久，李莲英又故意挑了个光绪皇帝心情不佳的时候，诬陷李鸿章在清漪园里游山玩水。光绪最忌讳的就是别人不尊重他的皇权帝位，听说权倾朝野的李鸿章竟敢大摇大摆地在他的御苑禁地游逛，顿时大怒，认为这是"大不敬"，是对皇权的公然藐视和冒犯。光绪一怒之下，不问青红皂白，立即下诏"申饬"，将李鸿章"交部议处"。

所谓"申饬"，就是由一名亲信太监，带着圣旨去当众将某人数落臭骂一顿。而被骂的人，既不能申辩，也不能回骂，还要伏在地上谢恩。这"申饬"虽不伤皮肉，却是极使人难堪的侮辱性惩罚。

李鸿章被御批"申饬"后，很快就悟出了吃亏的原委，从此以后便对这位"九千岁"刮目相看，以礼相待。这就是李鸿章的退让之法：不去冒险与人争斗，而以守住自己的利益为重。

善于退让也能赢得成功，因为这样做一则保全了自己，二则保留了机会。

人与人之间总有强势与弱势之分，因此，我们就更需要精通"撤步术"。让步并不是懦弱的表现，让步是为了获得更大的进步。就像跳远一样，为了跳出好成绩，后退几步是必然的。求人办事时一定要注意，该进时则进，该退时就要毫不犹豫地后退几步，由此我们才会取得更大的成功。

过度敏感不利于办事

在求人办事之前，我们常以为对方会给予热情接待，可是后来却发觉，对方并没有这样做。这时，我们的心里就容易产生一种失落感。其实，这是我们自己对彼此的关系估计错误，期望太高而造成的。

求人办事，察言观色当然是必备的技能。但是如果我们过于敏感，那就等于先给自己套上了一个无形的枷锁，对于办事是没有益处的。

这种过度的敏感从根本上说是自卑感在作怪。我们总希望自己是生活的强者，是别人心目中的优秀分子，可往往事与愿违，想象与现实之间有距离，这种距离促使我们更加敏感和紧张，随时捕捉任何可能对自己不利的信号。结果很有可能会形成一种恶性心理循环：我们越紧张，就越容易成为别人的话柄或笑料，反过来又会进一步加剧我们的猜疑，这样就会把人际关系搞得一团糟。

菲菲到多年不见的同学家去探望同学。这位同学已是商界的顶级人物，每天拜访他的人很多，这让他十分疲惫。因此，对来家的客人，只要是关系一般的，这位同学一律不冷不热待之。

菲菲以为自己会受到热情款待，不料到那里后发现同学对她不冷不热，菲菲心里顿时有一种被轻视的感觉，认为同学太不够朋友，小坐片刻便借故离去。她对此感到愤愤然，决心再不与之交往。后来菲菲才知道，这是同学在家待客的方式，并非针对哪一个人。菲菲再一想，自己并未与人家有过深交，自感冷落，不过是自作多情罢了。于是她又改变了心态和想法，采取主动姿态与之交往，加深了彼此的了解，增进了彼此的友谊。

幸亏事后菲菲并没过度敏感到不与同学交往的地步，她才和那位同学增进了友谊。假如当初她因受了一次冷落就不和同学交往了，那也就不会有以后的友谊了。

无论是工作还是生活，过度敏感都是十分不利的。比如，有人曾写过这样一件趣事。

上中学时，几位同学一起边走边玩儿。忽然间，前边一位姓马的同学转过头来，愤怒地叫道："你们叫谁马寡妇？"其实大家谈论的话题与他一点关系都没有，他就这样给自己起了个外号。

人们常说做贼心虚，可是有很多人明明自己并没有做什么见不得人的事，但却时常心虚。这是因为他们过分地关注别人对自己的评价或态度的微小变化，其实别人并没有对他们怎么样，但他们总会以为别人和他们过不去。这样一来，这种人不但把自己弄得紧张不堪，别人也不会再愿意帮他们办事了。

分清事情的轻重再办事

事情有大有小、有轻有重，是放弃西瓜捡芝麻，还是丢掉芝麻捡西瓜？这既可能涉及自身的利益，又可能涉及他人及整体的利益，所以在取舍两难的选择之间，应该掂量一下事情的轻重，尽量采用舍小取大、弃轻取重的处理原则。这样虽然丢掉了小利，但所换取的可能就是大利或大义。

蔺相如是战国时期赵国人，他本是赵国宦者令缪贤的门客，通过完璧归赵、渑池之会事件，一跃成为赵国的上卿。

廉颇是赵国大将，多有战功，威震诸侯。蔺相如却后来居上，这使廉颇很恼火，他想："我乃赵国之大将，身经百战，出生入死，有攻城野战之大功。蔺相如不过运用三寸不烂之舌就位居我之上，实在令人难以接受。我见到他，一定要羞辱他一番。"蔺相如听说后，不肯和他碰面。每逢上朝时，蔺相如为了避免与廉颇争位次的先后，总是称病不往。

有一次，蔺相如和门客一起出门，远远望见廉颇迎面而来，蔺相如连忙让手下人回转轿子躲避。门客见状，对蔺相如说："我们跟随先生，就是敬仰先生的高风亮节。现在，您与廉颇将军地位相当，而您却害怕他、躲避他，就是一般人这样做也太丢身份了，何况是您呢！连我们跟着先生也觉得丢人。"蔺相如问："你们说廉将军和秦王相比，哪个更厉害？"门客答道："秦王厉害。"蔺相如说："既是秦王厉害，我都敢在朝堂上呵斥他，侮辱他的大臣们，难道我单单怕廉将军吗？"蔺相如接着说："我想秦国不敢发兵攻打赵国，是因为我和廉将军在呀。如果我们二人争闹起来，势必不能并存。我之所以这样忍让，是因为我把国家利益放在前头，把个人的事放在后头啊！"门客恍然大悟。廉颇听说后，深感内疚，于是负荆请罪，与蔺相如结为"刎颈之交"，演绎出一段千古流芳的"将相和"佳话。

　　蔺相如之所以能千古流芳，就在于他能忍小辱而顾全国家大义，对事情的轻重把握得好。赵国之所以不被他国欺负，就是因为有将相文武二人的威势。可见，把握好事情的轻重，不仅利于个人，对集体、对国家也是幸莫大焉。所以，每个人在做事情之前，都要先把握好事情的轻重，这样方能事半功倍。

　　事有大小、种类和难易之分，有的事关系到我们的切身利益，有的事则可大可小。我们不但要知道哪些事应该怎样做，而且要知道哪些事该做，哪些事不该做。

　　如果我们觉得事情能够做成，就应该毫不犹豫地去做。

　　如果我们觉得要做的事情胜算不大，就要给自己留下回旋的余地。

　　如果我们觉得要做的事情自己没有能力做到，就不要勉强去做。

　　有些能做的事情要及早做，不能做但必须做的事也要想办法找关系求人去做。在生活中我们也难免会遇到别人求我们办事的时候，对于这类事，我们应该有一个因事制宜的态度。

办事要掌握好火候

做任何事情都应有轻重缓急之分，有的事发生后，必须马上处理，延误了时间就可能与预期目标相背离，或是财产损失加大，或是身家性命有危。但是有些事情，发生之时，立即解决可能会火上浇油，使事态发展愈加严重；若冷却几日，使当事人恢复理智以后再处理，就可能会大事化小，小事化了。所以，处理事情要掌握好火候，这对事情的成败至关重要。

像之前讲到的"将相和"的故事，如果蔺相如在廉颇气势汹汹之时去找他解释并与他理论，即使蔺相如态度诚恳、平心静气，廉颇也可能一句也听不进去。这样不但不利于调和矛盾，反而极有可能引起新的冲突，使事态严重，对双方更为不利。

为掌握解决冲突的火候，有人找到了一种"10%法"，即事情发生后，再等10%的时间去解决问题。在这10%的时间内，对方可能会因说出的话、做过的事向我们道歉；这10%的等候时间，也能使我们的头脑更清醒，而不至于在盛怒之下失去控制。

受到别人的伤害，我们很可能暴跳如雷、怒发冲冠。与其如此，不如暂且迫使自己先冷静下来，然后再去想应当怎样对待。要知道，大多数人不是有意要伤害我们的。

事实上，我们永远也无法避免受伤害，它是我们生活的一部分。既然如此，我们何必忧之恨之？除此之外，要想别人不伤害我们，就要时刻想到不要伤害别人。只有这样，我们才能活得轻松愉快；也只有这样，我们才能找到愿意为自己办事的人。

我们依据什么来分清事情的轻重缓急，决定事情的解决顺序呢？

善于做事的高手都是以分清主次的办法来统筹时间的，把时间用在最有生产力的地方。

面对每天大大小小、纷繁复杂的事情，如何分清主次，把时间用在最有生产力的地方呢？下面是三个判断标准。

1. 我必须做什么

这有两层意思：一是是否必须做，是否必须由我做；二是非做不可，但并非一定要我亲自做，这种事可以委派别人去做，自己只负责督促。

2. 怎么做能给我最高回报

我们应该用 80% 的时间做能带来最高回报的事情，而用 20% 的时间做其他事情。所谓能带来最高回报的事情，即符合目标要求或自己会比别人干得更高效的事情。

3. 怎么做能给自己最大的满足感

最高回报的事情，并非都能给自己最大的满足感，均衡才能和谐满足。因此，无论我们地位如何，总需要分配时间于令人满足和快乐的事情上。唯有如此，工作才是有乐趣的，并易保持工作的热情。

通过以上"三层过滤"，事情的轻重缓急就很清楚了。然后，以重要性顺序排序（注意，一些人总有不按重要性顺序办事的倾向），并坚持按这个顺序去做。我们将会发现，再没有比按重要性顺序办事更能有效利用时间的办法了。

总之，只有在做事时掌握好火候，才能在短时间内把事情做得又快又好。

第七章

拒绝的分寸：
用委婉的语气说『不』

先承后转，让对方在宽慰中接受拒绝

日常生活中，我们经常会遇到这样的情况：对方提出的要求并不是不合理，但因条件的限制无法予以满足。在这种情况下，拒绝的言辞可采用"先承后转"的形式，使对方精神上得到一些宽慰，以减少因遭拒绝而产生的不愉快。

李刚和王静是大学同学，李刚这几年做生意，虽说挣了些钱，但也有不少外债。两人毕业后一直没有来往。一天，王静突然向李刚提出借钱的请求。李刚很犯难，借吧，怕担风险；不借吧，同学一场，又不好拒绝。思忖再三，最后李刚说："你在困难时找到我，是信任我、瞧得起我，但不巧的是我刚刚买了房子，手头一时没有积蓄。你先等几天，等我过几天把账结回来，一定借给你。"

有的时候，对方可能会因急于成事而相求，但是我们确实又没有时间、没有办法帮助对方。此时一定要考虑到对方的实际情况和当时的心情，避免使对方恼羞成怒，以免造成误会。

拒绝还可以先从情感上表示同情，再表明自己确实无能为力。

黄女士在某航空公司担任客服。由于经济的发展，乘坐飞机的旅客与日俱增，退票和改签的情况也越来越多。黄女士时常要面对很多旅客的退票和改签要求，她每次都是带着非常同情的心情对旅客说："我明白您的需求，从情感上说，我也十分愿意为您效劳，使您如愿以偿。但根据规定，已购买的机票确实不能全额退款，会扣除一定的费用。这次的事给您造成困扰，真是十分抱歉。欢迎您下次再来乘坐我司的航班。"黄女士的一番话，叫旅客再也提不出意见来。

"先扬后抑"这种方法也可以说成是一种"先承后转"的方法，这也是一种力求避免正面表述而间接拒绝他人的方法。先用肯定的语气去赞赏别人的一些想法和要求，然后表达我们不能满足的原因，这样就不会直接伤害对方的感情和积极性了，而且还能够使对方更容易接受我们的理由，同时也为自己留下一条退路。

一般来说，我们还可以采用下面的一些话来表达我们的意见："这真是一个好主意，但由于……我们不能马上采纳它，等情况好了再说吧！""这个主意太好了，但是如果只从眼下的这些条件来看，我们必须要放弃它。我想我们以后肯定能够用到它。""我知道你是一个体谅朋友的人，如果你对我不十分信任，认为我没有能力做好这件事，那么你是不会来找我的。但是我实在忙不过来了，下次如果有什么事情，我一定会尽我的全力来帮助你。"

友善地说"不"，和气地拒绝

当遇到别人不合理的请求时，我们是否也要委曲求全地答应对方呢？这个时候，我们千万不要因为不能说"不"而轻易地答应任何事情，而应该视自己能力所及的范围进行回应。一定不要明明做不到，却不敢说"不"，结果既给双方造成了困扰，又失去了别人对我们的信任。

30岁出头就当上了某公司董事长的雪莉，是该公司成立以来第一位女董事长。为什么她有如此能耐呢？主要原因是，她言出必践，办事果断，经常在握手言谈之间就将事情拍板定案了。

与雪莉长期合作过的人谈到她时，认为与她一起工作过的人，都非常敬佩她。他们还表示，每当请雪莉看一个项目策划时，她总是马上就看，并很快就给出答复。如果不赞成某事，通常一般人十之八九都以沉默来回答，但是雪莉看了给她送去的项目策划，都会有一个明确的答复。即使是她说"不"的时候，也还是把对方当成朋友来对待。与之相反的是，现在有很多领导看过给他们的项目策划后，若是他们不喜欢，根本就不回话，而是让人傻等。

拒绝别人不是一件罪大恶极的事情，也不要把说"不"当成是要与人决裂。是否把"不"说出口，应该是在衡量了自己的能力之后，作出的明确的回应。虽然说"不"难免会让对方产生负面情绪，但与其答应了对方却做不到，还不如直接表明自己拒绝的原因，相信对方也会体谅我们。

不过，当我们拒绝对方的请求时，切记不要咬牙切齿、绷着一张脸，而应该友善地说"不"，最大限度地降低对双方关系的损害。

利用对方的话回绝，干脆又不伤人

我们不一定非要用自己的话来拒绝别人，许多时候，利用对方的话来拒绝对方，是更聪明的做法。只要合理地从对方的话语里引出一个合乎逻辑的相同问题，巧踢"回旋球"，让对方哑巴吃黄连——有苦说不出。

小李从一个朋友那里借了一架照相机，他一边走一边摆弄着，这时刚好小赵迎面走来了。他知道小赵有个毛病，见到熟人有好玩的东西，非得借去玩几天不可。现在小赵看见了小李手中的照相机，又非借不可了。尽管小李百般说明情况，但小赵依然不肯放弃。小李灵机一动，故作姿态地说："好吧，我可以借给你，不过我要你不能借别人，你做得到吗？"小赵一听，正合自己的意思，连忙说："当然，当然。我一定做得到。""绝不失信？"小李还追加一句。"绝不失信！失信还怎么做人？"小赵连忙承诺道。小李斩钉截铁地说："我也不能失信,因为我也答应过别人,这架照相机绝不外借。"听到这里,小赵也目瞪口呆了,这件事也就这样算了。

有一些人会产生这样的想法:难道我们在现实生活中都非要拒绝别人不可吗?我们在拒绝他人时都要采用委婉的方法吗?这两个问题问得恰到好处。

在现实生活中,关于拒绝他人,我们还要注意以下问题。

第一,在日常生活中,我们应该真诚地对待朋友和同事,积极地帮助他们。每个人都应该明白一个简单的道理——平时帮人,拒人才不难。

第二,面对别人的请求,如果是由于自己的能力不足或客观原因,我们应该坦诚相待,说明实际情况,同时,要积极帮对方想解决办法。

第三,对于某些情况,直接说"不"的效果更好,特别是对于那些违法乱纪的事情,应持坚决的态度来拒绝。对于那些可能引起误解的事情,我们也应该明确自己的态度,否则会"当断不断,反受其乱"。此外,拒绝不明可能会影响对方,也影响事情的发展方向,所以拒绝别人时应直截了当,明确态度。

第四,即使我们掌握了一些比较好的拒绝方法,在拒绝时,我们也应该语气委婉,最好还能面带微笑,这样既达到了拒绝他人的目的,又消除了由于拒绝给对方带来的不快。

先说让对方高兴的话题，再过渡到拒绝

对于别人说的话，人们总是会作出情感反应。如果先说让人高兴的话，再说些使人扫兴的话，对方也能以欣然的态度继续聆听。利用这种方法，我们可以拒绝不喜欢的对象。

有一个乐手，被熟人邀请到某乐队工作。乐手嫌薪水低，打算立即拒绝。但想起以往受过对方的照顾，不便断然拒绝。他心生一计，先说些笑话，然后一本正经地说："如果能提高乐队的知名度，即使献出生命，在下也在所不辞。"

此时，乐队的老板自然还是一副笑脸，乐手抓住机会立刻板起面孔说："老板，你是在取笑我吗？觉得我没有这个能力吗？本来我确实打算加入乐队，帮乐队提高知名度的，但现在我感觉自己好像没有被尊重。既然如此，那这次协议不用再提，再见！"

乐手假装生气，转身便走。老板一时却不知该如何挽留他，虽生悔意，但为时已晚。

因此，面对不喜欢的对象，我们要出其不意地敲打对方一下，以便拒绝对方。若没有机会，不妨参照上例，制造机会，先使对方高兴，然后趁对方缺乏心理准备，仍笑容满面时，找到借口及时退出，达到拒绝的目的。

通过暗示巧说"不"

很多时候，我们不得不拒绝别人，但是怎样将难说出口的"不"说出口呢？暗示，是一种不错的选择。

美国报业家赫斯特在旧金山创办第一份报纸时，著名漫画大师纳斯特为该报创作了一幅漫画，目的是通过引起公众的注意，迫使电车公司在电车前面装上保险栏杆，防止意外伤人。然而，纳斯特的这幅漫画完全是失败之作。刊印这幅漫画，有损报纸质量；但不刊印这幅漫画，又不知怎么向纳斯特开口。

当天晚上，赫斯特邀请纳斯特共进晚餐。赫斯特先对这幅漫画大加赞赏，然后一边喝酒，一边唠叨不休地自言自语："唉，这里的电车已经伤害了好多孩子，多可怜的孩子，这些电车司机简直不像话……真像瞪着大眼睛的魔鬼，专门搜索在街上玩的孩子，一见到孩子们就不顾一切地冲上去……"听到这里，纳斯特从座椅上弹跳起来，大声喊道："赫斯特先生，这才是一幅出色的漫画！我原来寄给你的那幅漫画，请扔入纸篓。"

赫斯特就是通过自言自语的方式，暗示纳斯特的漫画不能刊印，并让纳斯特欣然接受了自己的建议。

另外，通过肢体动作也可以把自己拒绝的意图传递给对方。

当一个人不想与对方继续交谈时，可以做转动脖子、揉揉眼眶、按太阳穴等漫不经心的小动作。这些动作释放了一种信号：我感到疲劳、身体不适，希望早一点停止谈话。显然，这是一种带暗示性的拒绝的方法。此外，较长时间的沉默、目光旁视等也可表示对谈话不感兴趣、内心为难等心理。

一天，为了配合下午的访问行程，小王想在中午以前做完对甲公司的访问，然后依计划，下午到乙公司拜访。但是，甲公司的组长对小王发出了邀请："快到中午了，咱们一起吃午饭吧！"

小王与甲公司的这位组长平常交情不错，甲公司又是非常重要的客户，不能轻易拒绝。但是，和这位爱聊天的组长一起吃午饭，最快也要到下午1点才能结束。小王怎样才能不伤和气地拒绝呢？答案就是在对方表示"要不要一起吃饭"之前，小王就不经意地用肢体语言表示出匆忙的样子，如说话语速加快或频繁看表等。但记住，这个时候千万不要露出坐立不安的神情，免得让人怀疑我们合作的诚心。

巧妙地学会用暗示的方法拒绝别人，让别人明白我们在说"不"，这样不仅能把事情办妥，而且不伤和气。

不失礼节地拒绝他人的不当请求

我们经常会遇到这样的情况，即面对亲人、好友等亲密之人提出的有关借钱、帮忙做某事等的请求时，许多时候我们并不愿意答应这些请求，却又不好意思说"不"，然后使自己陷入十分为难的境地。如果违心地答应下来，是为自己添烦恼；如果假装答应却做不到，又失信于人。

一般来说，尽可能地帮助自己的亲密之人，这是人之常情。但是，面对亲密之人的不当请求，我们一定要坚持自己的原则。特别是当他们的请求有违国家法律法规、社会公共道德或家庭伦理时，我们更应坚守自己的原则，毫不留情地予以拒绝，还应帮助对方改正那些错误思想和行为。

拒绝亲密之人的不当请求是一门学问，是一种应变的本事。想要在拒绝对方时既消除自己的尴尬，又不让对方无台阶可下，就需要掌握一些巧妙的拒绝方法。

1. 巧用反弹

别人以什么样的理由向我们提出请求，我们就用同样的理由拒绝对方，这就是巧用反弹的方法。在《帕尔斯警长》这部电视剧中，帕尔斯警长的妻子出于对帕尔斯的前程和人身安全的考虑，企图说服帕尔斯停止调查一位大人物虐杀自己妻子的案子。最后她说：

"帕尔斯，请听一次我这个做妻子的话吧。"帕尔斯回答说："是的，这话很有道理，尤其是我的妻子这样劝我，我更应该慎重考虑。可是你不要忘记了这个坏蛋亲手杀死了他的妻子！"

2. 敷衍式拒绝

敷衍式拒绝是最常用的一种拒绝方法，常在不便明言回绝的情况下，含糊回绝请托人。拒绝亲密之人的不当请求也可采用这一方法。运用这种方法时，需要对方有比较强的领悟能力，否则难以见效。

3. 巧妙转移

面对别人的请求，我们不好正面拒绝时，可以采取迂回的战术。转移话题也好，委婉说出理由也罢，总之绝不答应，但也不致撕破脸。比如，先向对方表示同情或给予赞美，然后说出理由，加以拒绝。先前对方已因为我们的同情而对我们产生好感，所以对方也能以"可以理解"的态度接受我们的拒绝。

总之，面对亲密之人提出的不当请求时，切忌直接拒绝。尽量使用间接拒绝的方法，从对方的立场出发，阐明自己的观点，这样就会使对方自然而然地接受我们的拒绝了。

此外，拒绝别人时，也要有礼貌。任何人都不愿被拒绝，因为被他人拒绝时，任何人都会感到失望和痛苦。当对方向我们提出不合理请求时，我们可能感到气愤，甚至根本无法忍受，但我们也要沉住气，千万不可大发雷霆、出言不逊、恶语伤人。在拒绝对方时，要表现出我们的歉意，多给对方以安慰，多说"对不起""请原谅""不好意思""别生气"之类的话。由于我们十分有礼貌，即使对方想无理取闹，也说不出什么，这样别人才会觉得我们是彬彬有礼的人而愿意与我们亲近。

贬低自己，降低对方期望值再顺势拒绝

用自我贬低的方法或者在开玩笑的氛围中拒绝他人，不仅维护了他人的面子，也使自己全身而退。

比如，朋友想邀我们一起去玩电游，我们可以说："我们都是好朋友了，说出来不怕你们笑话，我玩了几年一直玩得不像样，你们看了都会觉得扫兴。为了不影响你们的兴致，我还是不去为好。"又比如说，在同学聚会的时候，我们确实不会喝酒，可以说："我这个身体越来越不行喽！上次体检，我还查出了脂肪肝，医生叮嘱我不要喝酒，所以你们就饶了我这条小命吧。"同时，我们还可以进行一些其他事例的说明，或者找一些比较好的借口来增强这种自我贬低的效果。

在自我贬低的策略中，"装傻充愣法"是一种特殊方法，即表示自己无能为力，不愿做不想做的事，也就是说"我办不到，所以我不想做"。

有调查表明，人们的确有在日常生活中故意装傻充愣的现象。

例如，在上班族中，有 20% 的人曾对上司装过傻，而 14% 的人对同事装过傻。虽然"装傻充愣法"跟"楚楚可怜法"一样，会导致别人对我们的评价降低，但令人惊讶的是，仍有 10% 以上的人是在自己有意识的情况下用了这个办法。

1.适合使用"装傻充愣法"的情况有以下三种。

（1）不愿做不想做的事

例如，遇到像打杂般的工作、很花时间的工作或单调的工作等，有不少人会用"我不会呀"或"我在这方面不擅长"等理由，把不想做的事巧妙地推掉。

（2）拒绝他人的请求

当别人找上我们，希望我们能帮忙时，我们很难直接说"不"。因此，我们可以以"我很想帮你，可是我自己也没有这个能力"的态度来婉转拒绝。我们最好不要直接以"我不愿意"这种态度来拒绝，因为这可能会让对方怀恨在心。因此，若用客观原因，也就是自己无法控制的原因来拒绝（我想帮你，可是我真的帮不了）的话，拒绝起来便容易多了。

（3）想降低别人对自己的期望值

一个人若能受到他人的高度期待，固然值得高兴，但压力也会随之而来。因为万一失败，这个备受期待的人带给他人的冲击会更大。

因此，借由表现出自己的无能，来降低别人对自己的期望值，万一将来失败，别人对自己的评价也不会下降得太多；相反，如果成功，反而会得到预期之外的肯定。

2．"装傻充愣法"有以下两种实用技巧。

（1）表明自己无能为力

就像前面所说，这招便是表明"我没有能力做那件事，因此我不愿意做"的一种方法。根据工作的内容，"无能"的理由也有所不同。

例如，别人让我们用电脑处理文字资料时，我们可以说："我不太会用电脑，光一页文字我就要打一个小时，而且说不定还会把重要的资料弄丢！"

别人要求我们做账簿时，我们可以说："我最怕计算了，看到数字我就头痛！"

不过，若"无能"的理由不具真实性，那也行不通。例如刚才用电脑处理资料的例子，如果是在一般的公司，说这种话谁信？而做账簿的例子如果发生在银行，也会显得很突兀。平常越少接触到的工作，说这种话时，所获得的可信度也就越大。所以要说"我没做过""我做得不好"这些话的时候，一定要使这些话具有可信度才行。

（2）将矛头指向他人

这招用在表示"无能"之后，以"我办不到，你去拜托某某比较好"的说法，将矛头指向他人。

"我对电脑操作不熟，不过小王对电脑操作很熟，你去拜托他看看。"

"我对计算最不在行了，小芸好像是中级会计师，她应该做得下来！"

像这样搬出一位在某方面能力比自己强的人，然后要对方去拜托他就行了，但这一招只有在大家都知道那个人的确能胜任时才能用。而且这一招有一个问题，就是可能会招致那个被我们"转嫁"麻烦的人的怨恨，因为托我们办事的人一定会说："是某某说请你帮忙比较好，说你更适合做这件事！"对方也就会知道是我们干的"好事"。这么一来，那个人的心里一定会想："可恶的家伙，竟然把讨厌的事推给我！"

当需要帮忙的事情是人人都不想做的事情的时候，这种招来怨恨的可能性就越高。所以，最好在多数人都知道"某某事情是某某最擅长的"的情况下使用此招。

找个人替我们说"不"，不伤大家感情

在拒绝他人的诸多妙法中，有一种方法是推诿法。

所谓推诿法，就是以别人的身份表示拒绝。这种方法看似在推卸责任，但却更容易被人理解：既然爱莫能助，也就不便勉强。

十来岁的小妮是个徽章收集爱好者，她的几个好朋友也是徽章迷。一天，她的一个好朋友向她提出交换徽章的请求，她不愿意换，但又怕朋友不高兴，便对朋友说："我也非常喜欢你的徽章，但我妈不同意我换。"其实她妈妈从没干涉过她换徽章的事，她只不过是以此为借口拒绝朋友。朋友听她这样一说，也就作罢了。

有时为了拒绝别人，可以含糊其词地推托说："对不起，我实在不能决定这件事，我必须回去问问我的父母。""让我和家人商量商量，决定了再答复你吧。"

这是一种拒绝的好办法，假装请出一个"后台"，表示能决定这件事的不是本人，这样既不伤害朋友的感情，又可以使朋友体谅我们的难处。

处在一个大的社会背景中，人与人之间互相制约的因素很多，为什么不选择一个"盾牌"来挡一挡呢？假如有人求我们办事，而我们又是领导成员之一，我们可以说："我们单位是集体领导制，像刚才的事，需要大家讨论才能决定。不过，这件事恐怕很难通过，你最好还是别抱什么希望。如果你实在要坚持的话，待我们讨论后再说，我个人说了不算数。"这就把矛盾引向了另外的地方，请托者听到这样的话，一般都会打退堂鼓。

委婉地说"不"，让被拒绝的人有面子

自尊之心，人皆有之。因此，在拒绝人时，要顾及对方的尊严。人们一旦进入社会，无论地位、职级多高，成就多大，无一

例外地都会关心外界对自己的评价。由于来自外界的评价的性质、强度和方式不同，人们会作出不同反应，并对交际过程及其结果产生积极或消极的影响。通常的规律是"尊之则悦，不尊则哀"。也就是说，当得到肯定的评价时，人们的自尊心理得到满足，便会产生一种成功的情绪体验，表现出欢愉乐观和兴奋激动，进而"投桃报李"，对满足自己自尊欲望的人产生好感，采取积极的合作态度，交际随之向成功的方向发展。反之，当人们不受尊重、受到不公正的评价时，便会产生失落感、不满和愤怒情绪，进而表现出对抗姿态，使交际陷入危机。

顾及对方的尊严是拒绝别人时必不可少的注意事项。

某校在评定职称时，由于高级职称的名额有限，一位年龄较大的教师未能评上。他听说了这一消息后就向一位负责职称评定的副校长打听情况。副校长考虑到工作迟早要做，便和这位老教师促膝交谈。

校长：哟，老李，什么风把你给吹来了。

老师：校长，我想知道这次评高职我有希望吗？

校长：老李，先喝杯茶，抽支烟。我们慢慢聊，最近身体怎么样？

老师：身体还好。

校长：老教师可是我们学校的宝贵财富，年轻教师还要靠你们传帮带呢！

老师：作为一名老教师，我会尽力的。可这次评定职称，你看我能否……

校长：不管这次评不评得上，我们都要依靠像你这样的老教师。你经验丰富，教学也比较得法。我想，对于一名教师来说，这一点比什么都重要，你说呢？

老师：是啊！

校长：这次评职称是第一次进行，历史遗留的问题较多，可僧多粥少，有些教师这次暂时还很难如愿，要等到下一次。这只是个时间问题，相信大家一定能够谅解。但不管怎样，我们会公正地评价每一位教师，尤其是你们这些辛辛苦苦工作几十年的老教师。

老教师离开时，心里感觉热乎乎的，他知道自己这次评上的希望不大，但由于自身得到了别人的尊重，成绩受到了别人的肯定，他能接受那样的结果。

这位校长可谓是顾及别人尊严的典范，如果刚开始他就给这位老教师泼一桶冷水，那么后果就不堪设想了。

在社交场合中，无论是举止还是言语，都应尊重他人，即使在拒绝别人的时候也要顾及对方的尊严。只有这样，才能赢得别人的尊重。

绕个"圈子"再拒绝

断然拒绝别人可以显得一个人不拖泥带水，但对遭到拒绝的人来说，却是很不够义气的。聪明人这时会绕个圈子，不直接说出拒绝的话，而让对方明白意思。

1799 年，年轻的拿破仑·波拿巴从意大利战场凯旋归来。从此，他在巴黎社交界成为众多贵妇青睐的对象。

然而，拿破仑却并不热衷于此。可是，总有一些人紧追不放，纠缠不休。当时的才女、文学家斯达尔夫人，连续几个月给拿破仑写信，想结识这位风云人物。

在一次舞会上，斯达尔夫人头上缠着宽大的包头布，手上拿着桂枝，穿过人群，朝着拿破仑走去。拿破仑躲避不及。于是，斯达尔夫人把一束桂枝送给拿破仑，拿破仑说道："应该把桂枝留给缪斯。"

然而，斯达尔夫人认为这只是一句俏皮话，并不感到尴尬。她继续与拿破仑纠缠，拿破仑出于礼貌也不好生硬地中断谈话。

"将军，您最喜欢的女人是谁呢？"

"是我的妻子。"

"这太简单了。您最器重的女人是谁呢？"

"是最会料理家务的女人。"

"这我想到了。那么，您认为谁是女中豪杰呢？"

"是孩子生得最多的女人，夫人。"

他们这样一问一答，拿破仑也达到了拒绝的目的。斯达尔夫人也知道了拿破仑并不喜欢自己，于是作罢。

小王毕业以后到一个小地方打杂，开始很失意，成天和一帮哥们儿喝酒、打牌。后来，小王逐渐醒悟过来，开始报名参加等级考试。

有一天晚上，他正在埋头苦读，突然一个电话打过来叫他去某哥们儿家集合，一问才知道他们"三缺一"。小王不好意思讲大道理来拒绝他们，但又不想再像以前那样没日没夜地玩，便回答："哎呀，哥们儿，我的酸手艺你们还不清楚啊，你们成心让我'进贡'嘛，我这个月的工资都快见底了。这样吧，一个小时，就打一个小时，你们答应我就去，不答应就算了。"一阵哄笑后，对方也就作罢了。他们都知道小王另有他事，也就不再打扰了。

绕着圈子拒绝别人，是讨人喜欢的一种说话方式。但绕圈子必须做到不讨人厌，也就是说必须巧妙，三言两语能够把拒绝的意见表达出来。如果绕了半天，对方还是一头雾水，那就弄巧成拙了。

第八章

职场的分寸：
不可不知的职场基本功

别天真，老板不是朋友

在公司里，老板给了我们锻炼技能的平台，给了我们薪水，给了我们展现才华的机会。老板永远都是老板，他时刻影响着我们。

老板与员工的关系在某种层面上来说永远是不平等的。老板似乎永远是对的，这是职场之中的不二法则。士兵当着将军的面信誓旦旦地说自己以后要当将军，常常会得到褒奖，因为"不想当将军的士兵不是好士兵"。但是当着老板的面，我们想当老板的想法不可轻易暴露出来，因为没有一个老板会因为下属的才能超过他而把自己的"宝座"拱手相让。这就是职场的现实，我们应该保持一种敢于面对现实的态度。老板永远都不可能是我们真诚的朋友，因此丢掉幻想，少点天真。有时候可以说，老板和我们就像猫和老鼠的关系。不要以为花言巧语就能哄骗老板，在我们犯错的时候，老板照样会按规矩办事。

一只涉世未深的小老鼠，以为只要讨饶，只要用花言巧语就能感化那只对它紧追不放的老猫，放它一条生路，于是它对老猫说："请饶我一命吧，几颗麦粒足够我吃饱，一个核桃能把我的肚子撑得圆鼓鼓的。再说眼下我很瘦，等过一段时间我长得肥一点，再给您当早点吧。"老猫对这只小老鼠说："你弄错了吧，这些话是说给我听的吗？你这不等于是说给聋子听吗？你想让一只猫，而且是一只老猫饶你一条性命，这是不可能的！"老猫说完，把小老鼠咬死了。

这个寓言故事告诉我们，不要把老板当作大善人，也不要把老板想得太简单。老板就是老板，不管老板在我们的心目中是怎样的人，我们都得注意级别，不说老板坏话，维护他的权威。不要擅自替老板做主，坚决按照老板的吩咐去做，哪怕他的指令漏洞百出，哪怕他的工作能力不如下属，只因为他是老板。

一个人去买鹦鹉，看到一只鹦鹉面前标着："此鹦鹉会两门语言，售价200元。"另一只鹦鹉面前则标着："此鹦鹉会四门语言，售价400元。"该买哪只呢？这人想啊想，拿不定主意。突然，他发现了一只老鹦鹉，它毛色暗淡，标价800元。这人赶紧将店主叫来，问："这只鹦鹉是不是会说八门语言？"店主说："不。"这人感到很奇怪，问："那为什么它值这个价呢？"店主回答："因为另外两只鹦鹉叫这只鹦鹉老板。"

对，只因为它是老板，它可以又老又丑，可以没有能力，但是它的身价却比员工高出很多倍。

老板都喜欢得到他人的尊敬，树立自己的威信。因而，作为员工的我们一定要注意和老板身份有别，不要和老板称兄道弟，更不要拍着老板的肩膀说话。在公共场合与老板说话更要注意，有不同意见时也不要在公共场合与老板争辩，特别是当着许多员工的面的时候。我们可以选择与老板私下里交换意见，实在不行，我们也可以选择离开。

作为老板，他能走到今天，自然有他的过人之处。私下里，老板让我们放松，不要紧张，不要太客套，这时候我们就更得注意了，往往错误就在此时发生。我们平时维护老板的权威，对老板怀有敬畏之心。如果这种敬畏之心突然之间没有了，我们就会得意忘形，这时候往往容易酿成错误。

请记住：老板永远都是老板，不是我们的朋友，不要在背后议论老板的是非，因为世界上没有不透风的墙；不要在老板面前说三道四，诋毁别人，这样最终诋毁的是我们自己；注意我们和老板之间的距离，我们和老板的关系并没有我们想象中的那么好；同时，不要违背老板的意思，不要轻易替老板作决定，一切都要听老板的指挥，一切都要由老板做主。

远离上司的私生活

与上司最好的关系是既让他感到我们很亲近，又不会对他构成威胁。

一个小国的国王为了自己的国家不被邻近的大国所侵犯，只得委曲求全与大国联姻，娶了大国国王的妹妹为妻。由于大国国王的妹妹是个极其尖酸刁蛮的女人，婚后的国王处处受制于她。国王因为长期压抑，在外面暗自结识了一个红颜知己。由于担心凶恶的王后知道此事，国王终日提心吊胆。

这时，有一个很会讨好国王的人主动为国王出谋划策，替国王设计了许多与红颜知己见面的方式，国王也视他为亲信。国王与红颜知己的事情只有这个亲信最清楚。久而久之，王后似乎察觉了国王的事，就准备找那个亲信询问。因为她知道，只有他最清楚国王的私事。国王得此消息后，立即找了一个罪名，把那个亲信处死了，这样就永无后患了。

这个故事告诉我们的道理，在职场中同样适用。如果过多地介入上司的私生活，使我们脱离了与上司的正常上下级关系，对我们没有丝毫好处。上下级之间的确是可以建立友谊的，但是关系好过头，过多地知晓上司的秘密，是不值得提倡的。

上司让我们知道的秘密一旦被泄露，他将受到伤害。最初我们或许会因为自己是上司的密友而与他无话不谈，并自鸣得意，可是时间一长，上司便会有一种潜在的危机感，从而使这种密友关系变得越来越尴尬。哪怕上司让我们知道的秘密仅局限于公司内部的事情，这也会给我们带来不必要的麻烦。因此，我们介入得越深，就会发现自己的行动越不自由。

此外，频繁地和上司周旋而获得上司密友或上司宠儿的称号，还会使我们招致同事们的讨厌和不信任，甚至会有人想尽一切办法处处与我们作对，来拆我们的台。他们认为我们成天黏在上司身边，一副神秘兮兮的样子，肯定有什么见不得人的事。这也是人的本能反应。即使我们在潜意识里有强烈的成功愿望，但是为了在实现自己的愿望的过程中没有人为的障碍出现，我们和上司之间也一定要设一块"禁区"，并管住自己，不要瞎闯"禁区"。

而且，我们还要留一点私人空间给上司。很多人工作都是为了生活，上司也不例外。我们怕被冷落，怕得不到信任，上司其实也与我们完全一样，只不过他的担忧和我们稍有一些不同罢了。上司担心我们的能力不佳，做不好事情而让他承担后果；又担忧我们能力太强，事事做到无可挑剔以致动摇他的领导权威，甚至怕我们夺走了他现在的位置。所以，留一点空间给我们的上司吧！

那要做到这一点，具体应该怎么做呢？

首先，时时向上司请教。哪怕我们懂得比他多，还是要尊重他，和他讨论某项计划，请他给我们一些指点。当上司看到我们如此举动时，自然也就放心多了。不过，请教完之后，他的建议不可一个都不采纳，那样会适得其反，因此，在我们的计划里多多少少还是要掺和一点上司的建议，这一点上司会很在乎。

其次，事情不要做得十全十美。别以为凡事做得完美就一定会得到上司的赞美，最好能在不明显处留有一丝瑕疵或一点缺陷，以便让上司给我们指点一番，从而显示出他高于我们的能力，以满足他的优越感。

同时，别忘了经常称赞上司，这和拍马屁是大有区别的。员工需要上司的称赞，上司其实也需要下属的称赞，尤其是上司的上司也在的公众场合，我们的称赞更显得重要了。它一方面表现了我们的服从，另一方面又间接替上司做了公关。他能不暗自欣赏我们吗？

所以，既不过多地介入上司的私生活，又留下一点空间给上司，这就是与人相处的艺术，也是不断被上司重用，从而走向成功的捷径。

与上司相处，要保持一个度

在与上司相处的过程中，除了要摆正自己的位置，更重要的是把握好自己的职责权限。分内的事情努力做好，分外的事情不要轻易插手，尤其不可做出越级越权的事情来。

小刘和小王是同一部门的普通员工，他们有一个共同的特点，就是精明果断且办事能力颇强。但该部门的主管做事却拖拖拉拉、优柔寡断。对此，心高气傲的小刘早就颇有微词。公司向该部门下达了新的业务指标，主管反复考虑，瞻前顾后，一直无法制订出具体的计划和方案。心怀不满的小刘直接向总经理打报告，并提出了自己的一套方案。而为人低调的小王选择跟主管共同商量，拿出相应的对策和方案。在小王的启发下，主管凭借自己丰富的实战经验，很快提交了一套同样出色的方案。最终，公司采纳了主管的方案。不久，主管获得提升，小王在他的推荐下，接替了他原来的位子。怨气冲天的小刘很快便离开了公司。

在很多情况下，主管的能力不一定比下属强，但这不能改变主管与下属之间的从属关系。把自己的聪明才智无私地奉献给主管，有人认为这样太冤了，心理上难以平衡。事实上，只有主管得到提升，下属才能有出头之日，而下属在紧急关头及时"救驾"，主管会从此视下属为得力干将，对下属另眼相看。一有机会，下属得到提升是水到渠成的事情。

越级越权，企图盖过上司的风头，在更高级别的领导那里表现自己，这种行为会严重损害到直系上司的利益，给自己以后的晋升带来难以逾越的障碍。因此，除非万不得已，千万不要越级上报。公司像一台复杂而精密的机器，每一个部件都在固定的位置上发挥着不同的作用，以保障整台机器的正常运转。然而有一部分人为了突出自己，总是喜欢搞越级活动，这些人大部分都对自己的直系上司有某种不信任或者不服气。这样做的后果是扰乱了公司的正常运作程序，人为地造成了紧张关系，从而影响了工作效率，更影响到自己的晋升之路。

"到位而不越位"的几条守则如下。

1. 明确工作权限

入职某一岗位后，我们需要弄清楚自己日常扮演的角色、应当履行的职责和应当遵守的行为规范。

2. 分清"分内"和"分外"

在其位要谋其政，不属于自己职责范围内的事便要小心谨慎，尽量少插手、不插手。当然，不排除有些上司会下放自己的某些权限，把本属于自己职责范围内的一些工作交给值得信赖的下属去做。此时，作为下属，一定要全力以赴，发挥出自己的极限水平。应当注意的是，必须由上司亲自委派我们干这项工作，一般情况下不要主动要求，以免上司认为我们插手太多，有越位之嫌。

3. 不可轻越"雷池"

遇到自己不熟悉的工作时要多请示，否则，往往会不自觉地造成越权行为，好心办错事。"雷池"不可轻越，万事谨慎为先。

"伴君如伴虎"，不要恃宠而骄

美国人力资源管理学家科尔曼曾说过："职员能否得到提升，很大程度不在于职员是否努力，而在于上司对他的赏识程度。"但是，一旦发现上司对我们非常赏识，我们也千万不要以为自己万事大吉，更不要因此骄傲蛮横、目中无人。而是要学会把握好分寸。分寸把握不好，上司对我们的赏识也会慢慢变味。把握好分寸，上司才会更欣赏我们。

杨娟最近在做一本关于小动物的书，书中会将小动物的生存情况等作一些介绍。因为读者对象是儿童，所以要把那些科普味很浓的文字修改成适合儿童阅读的文字。

上司对杨娟的工作非常满意，经常当着同事的面夸奖杨娟，说杨娟的策划很好，很符合儿童的心理特征。杨娟第一次听上司如此说的时候，心里很高兴，也很自豪，自己的付出得到肯定，自然很欣慰。但是，后来上司说得多了，杨娟就觉得不太妥当，觉得上司如此表扬自己实际上否定了其他同事的工作。如此一来，自己很容易被其他同事妒忌。一旦将来工作没有做好，上司会觉得自己没有用心去做而怪罪自己。

于是杨娟决定找准时机改变这种状况。

再次开会时，上司又表扬了杨娟。上司话音刚落，杨娟便立即站起来说："经理，您认可我的工作我很高兴。但是，我希望您也能明白，我的成绩是在同事们的帮助下取得的，他们也有不可磨灭的功劳。同时，我也在努力向您学习。如果将来我在工作上出现什么差错，也希望您和同事们能继续耐心地支持我！"

面对上司的赏识，我们一定要沉得住气，因为那些说出来的赏识可能会对我们不利，所以我们要留意这种状况，理智地回应。

如果上司对我们特别好，但我们的工作表现又不是同事中最突出的，那我们便要好好反省一下，看看上司偏爱我们的原因是否有下列几点。

第一，上司是异性，而我们自问魅力过人，故获得优待。

第二，我们忠厚过人，从不说谎，上司可从我们口中得知其他下属的表现。

第三，我们重义气，为报上司知遇之恩，愿为他做工作以外的事。

第四，我们嘴甜舌滑，深懂奉承技巧，上司又是爱戴高帽的人。

第五，我们对上司完全没有威胁，上司对我们十分放心，故宠幸有加。

不过，假如我们是因为上述五大原因之一而得到上司的偏爱，请勿沾沾自喜，这种情况不会令人羡慕。

第一，外貌、气质虽然可吸引上司一时，但难保有更突出的新人出现，那时地位便难保了。

第二，上司不是看重我们，只是利用我们做探子。一旦下属出现不满，他会牺牲我们的利益。

第三，我们不是公司的资产，表面得宠，会被人视作狐假虎威的可怜虫。

第四，溜须拍马是很多人得宠的原因，但与第一种原因一样，随时有被取代的风险。

第五，前途只有片刻光明，一旦换了上司，庸碌的人必被淘汰。

不论我们是因为哪种原因得宠，切勿恃宠而骄。古语有云："伴君如伴虎。"

通过淡化感情色彩来表达不满

在公共场合中，我们经常遇到让人尴尬而不满的情况。在这种情况下，我们是不好生硬地表达不满的，因而我们可以通过淡化感情色彩来表达不满。

著名科学家爱因斯坦风趣幽默。有一次，由他证婚的一对年轻夫妇带着孩子来看他。孩子刚看到爱因斯坦就号啕大哭起来，弄得这对夫妇很尴尬，爱因斯坦脸上也有些挂不住。但幽默的爱因斯坦摸着孩子的头高兴地说："你是第一个肯当面说出对我的印象的人。"这句妙语化解了尴尬，活跃了气氛，融洽了关系，当然也含蓄地表达了爱因斯坦的不满。

爱因斯坦向我们展示了他在交际中的机智。面对孩子大哭给自己和年轻夫妇带来的尴尬，他采用了直白的方式来帮助双方化解尴尬并表达自己的不满。然后放低姿态，凭借"温柔"的语气表示自己对此态度的认同，淡化了感情色彩。

英国前首相丘吉尔在他执政的最后一年，出席一场由政府举办的典礼。他身后不远的地方有几个人窃窃私语："你看，那不是丘吉尔吗？""大家都说他现在已经老朽不堪了。""还有人说他就要下台了，他要把首相的位子让给精力更充沛、更有能力的人。"当典礼结束的时候，丘吉尔转过头来，对这几个人煞有介事地说："唉，先生们，我还听说他的耳朵近来也不好使了。"

丘吉尔在这里的幽默一语，既淡化了感情色彩，给自己解了围，又表达了不满，使那些人自讨没趣。

在职场中，如果领导对我们出言不逊，尽管我们心里非常愤怒，但这种情绪不能全部爆发出来，当然也不能全憋在心里，而需要尽量淡化感情色彩地表达出来。有人曾说过："告诉他你不高兴，但在话中别出现'不高兴'三个字。"把表示不满的语言的感情色彩淡化一下，让领导知道我们不高兴，但又不至于破坏友好气氛，这就是技巧。

意见变建议，领导爱听才能办成事

这是一个充满着"意见"的时代，作为一种客观存在，个人唯有从心理上去适应它，切不可钻"意见"的牛角尖。善于看到"意见"的背面，并从"建议"的角度出发，我们会发现一个适合交流与沟通的意想不到的广阔空间，处理和上司的关系时尤其如此。

给上司提建议时，我们总会有一定的心理压力，害怕好心提建议反而把与上司的关系弄僵了。究竟如何说话，才能既让上司接受我们的建议，又让他觉得我们不是在故意为难他或者不给他面子，这确实是件难办的事。

一般上司都不希望下属在自己面前过分展示。如果不明白这一点，为了让上司赏识，便在他面前表露自己的聪明才智，上司必定会认为我们狂妄自大、恃才傲物，从而在心理上对我们产生排斥感。因此，在上司面前提建议时，千万不能让他认为我们是在卖弄自己。给上司提建议时，要注意以下策略。

第一，让上司在自然状况下认可我们的能力、价值。首先要寻找共同感兴趣的话题，然后认真听取上司的意见。在适当的时候，对他的观点进行补充，提出新的问题。这样，可以使他认识到我们是有想法、有见解的。

第二，谈论的话题要是上司熟悉的。如果用上司根本不懂的或专业性过强的术语，会使他觉得我们在为难他，或使他认为我们的才识对他的职位构成威胁而对我们产生戒备心理，从而在行动上远离我们、压制我们。

第三，向上司提建议时，要有理有据地陈述我们的观点，以谦虚的语气征求他的意见。需要注意的是，向上司提建议，要根据上司的性格和行为特点采用他乐于接受的方式。例如，上司随和，采用口头建议；上司严肃，采用书面建议；上司自尊心强，可私下交流建议；等等。

第四，揣摩领会上司的心态。学会关心上司，在他一筹莫展时，主动为他出谋划策，并尽自己的力量帮助他。

下面具体谈谈如何向上司提建议。

第一，多"引流"，少"开渠"。"多'引流'，少'开渠'"

的意思是说，向上司提建议时不要直接点破上司的错误或越俎代庖地替上司做出所谓的正确决策，而是要用引导、试探、征询的方式，向上司讲明其决策、意见与实际情况不相符合，使上司在参考我们所提出的建议后，水到渠成地做出正确的决策。

第二，多献"可"，少加"否"。"多献'可'，少加'否'"的意思是说，在下属向上司提建议时多提可行的，少说不该的。它包括两层含义：一是要多从正面去阐明自己的观点；二是要少从反面去否定和批判上司的意见，甚至要通过迂回变通的办法有意回避与上司发生正面冲突。

第三，兼顾上司的立场。俗话说："金无足赤，人无完人。"上司毕竟也是人，在某些方面有缺陷是很正常的，关键是下属要有正确的心态，认识到上司也是人，不是神。认识清楚后，处理同上司的关系就会顺利得多。

兼顾上司的立场，的确不失为向上司提建议的上策。首先，我们没有排斥上司的观点，我们是站在上司的立场，最终是为了维护上司的权威，出发点是好的；其次，这种策略是一种温和的方式，能够充分顾及上司的自尊，易于被上司接受，效率较高。这需要我们有很强的综合能力和很好的社会修养，并能够针对不同情况，不断提出兼顾上司立场的有效建议，久而久之，我们个人的领导能力亦会迎风而上，飞速提升。

第四，以彼说此。"以彼说此"就是以别人成功的例子论证自己建议的可行性，无形中为自己营造一些气势。

给上司提建议前，最好保证我们自己对该建议能有百分之百的把握。如果能引经据典地以真实存在过的例子为证，无疑会增强建议的说服力。上司若切实从内心认可了这条建议，看到该建议将会带来的利益，就必然乐意接受。

满足上司被尊重的需求，切忌私自定夺

上司永远是上司，即使很小的、不重要的事，也要让上司定夺，因为这表现出我们对上司的尊重。

在不该说话的时候说话，在不该做主的时候做主，是职场新人常犯的毛病。我们必须知道，无论我们帮老板管了多少事，也无论老板多糊涂，甚至依赖我们到了连电话都要我们拨的程度，他也是我们的老板，大事小情毕竟还得由他来做主。出了错，他承担；有了成果，也该让他享受。

有一个让人深思的关于自作主张的故事。

某杂志社给一位作家做了一期专访。杂志出刊以后，该作家收到了一本。他想多要几本送给朋友，便打电话给该杂志社主编。

主编不在，一个编辑接了电话。"麻烦你转告一下主编，我希望多要几本这期杂志，希望主编多送我几本。""这个没问题！您直接派人过来拿就成。"该编辑爽快地说。

作家正打算驱车去拿杂志时，却接到主编的电话："不好意思！刚才我不在，杂志收到了吧？我刚才派人给您多送了几本过去。"停了一下，主编又说："可是，我想知道是哪位编辑说您可以立刻过来拿的。"

作家很奇怪，于是问道："有什么问题吗？""当然没问题，我只是想知道，是谁自作主张说送您杂志的。"

结果可想而知，那位自作主张的编辑免不了受到主编的一番责备，主编一定会认为他目中无人，他在主编心目中的印象也肯定会大打折扣。

既然是别人点名找我们的上司，作为下属的我们就应该转告，而不是替上司做主。虽然只是一句话，但本来可以由上司卖出的人情，却被我们无意挥霍了。像这位编辑的行为，主编能不反感吗？上司就是上司，下属就是下属，不要自作聪明、自作主张，合格的下属要懂得什么时候该说什么以及什么时候该做什么。

不自作主张，这是我们在处理公司事务时要坚守的基本原则，而想要在这一方面做得更好，我们还需要做到遇事多和上司商量，多询问上司的意见和建议。

我们有没有常常向上司询问有关工作上的事，或者是自己本身存在的问题？有没有跟他一起商量解决方法？如果没有，从今天起，我们就应该改变方针，尽量详细地发问。下属向上司请教问题是再正常不过的事了。有心的上司，都很希望下属来询问。

下属来询问，表示下属的眼里有上司，尊重上司和上司的决定。此外，这也表示下属在工作上有不明之处，向上司请教才能减少错误，上司也才能够放心。

如果下属假装什么都懂，什么事都不想问，上司会觉得"这个人恐怕不是真懂"，也会对下属是否会在重大问题上自作主张而感到担忧。在工作上，做重大问题的决策时，我们不妨问问上司。比如，"关于某件事，我不能擅自下结论，请您定夺一下"或者"依我看，这件事这样做比较好，不知组长认为应该如何"。这样的话，若事情出现差错，上司也会替我们承担一些责任。

其实，客观来说，仅就工作而言，下属自作主张带来的后果，往往都不会十分严重，也并非全都是消极的。可以想象，哪有那么多下属笨到不知轻重的地步，敢擅自替上司做出关乎公司整体利益的决定，除非他真的是个没有自知之明的人。然而，这种自作主张对职场上的人际关系的冲击，往往是十分明显的。

上司反感下属自作主张，其实不在于下属给工作带来的损失——通常来说，这种损失是微小的。上司心中真正在意的是下属越权行事的行为，以及这种做事风格所反映的下属对上司的态度。

因此，工作中多与上司沟通，让上司为我们出谋划策。假使我们有迷惑不解的事、苦恼的事，诸如工作上的难题、家中的困扰、情感问题等，也可以适量向上司倾诉，让上司指点一下。尽管我们并不会真正听从上司的建议，但是这样做却会使上司产生"他什么事情都听我的"的心态，认为我们在任何问题上都会重视他的建议，在工作上也不会私自越权决策。

在职场上，我们必须时刻牢记一条：上司永远是决策者和命令的下达者，无论我们有多相信自己的判断力，无论我们要决定的事情有多细微，都不能忽略上司的意见。否则，当上司意识到本应由自己拍板的事情被下属越俎代庖时，他心理上所产生的排斥感和厌恶感，以及对于下属不懂规矩的气恼，足以毁掉我们平时小心经营，凭借积极努力所换来的上司对我们的认同感。

避开同事的隐私问题

每个人都有自己的隐私。与人相处时，要极力避免谈论别人的隐私，否则会显得我们缺乏修养，甚至破坏我们与他人的和谐关系。

避免谈论别人的隐私，需要注意两点：一是不可在谈话中拐弯抹角地打听别人的隐私，二是知道了别人的隐私后不可到处宣扬。

关于别人的隐私，切忌人云亦云，以讹传讹。我们要明白，我们所知道的关于别人的事情不一定准确，如果我们把所听到的片面之言传扬出去，那就成了颠倒是非、混淆黑白。说出口的话就收不回来了，事后我们是后悔不已，但此事已经在同事之间造成了不良的影响。

如果有人在谈到某同事时说"这话我只跟你说"，我们可别太当真了。

如果我们对某同事颇有微词，并对上级说，那么很有可能我们所说的话会立刻传入该同事的耳中。

对于造谣中伤，大多数人都是深恶痛绝的。而对于隐私方面的流言蜚语，虽然大多数人也很厌恶和排斥，但不少人会在不知不觉中加入进去。

一句"今天我看见营销部的小赵在咖啡厅和一个年轻姑娘坐在一起"，经过无数人的嘴，传到最后变成"营销部的小赵在咖啡厅和一个漂亮姑娘搂搂抱抱，可亲热呢！"实际上呢，小赵只不过是在咖啡厅同妹妹商量搬家的事。

人与人之间的关系相当复杂，如果我们不知真实的情况，就不可信口开河，以免招惹是非。

有一种人专好造谣，把别人的隐私传得绘声绘色，逢人就夸大其词，不知有多少祸患由此而生。所以，我们偶然间谈论的别人的隐私，也许会无意中为别人带来祸患，其后果并非我们所能预料到的。

要是有人向我们透露某人的隐私，我们千万不要做传话筒。说一个坏人的好处，旁人听了最多认为我们无知；把一个好人说坏了，旁人会觉得我们用心不良。

要是同事将自己的隐私告诉我们，那说明同事与我们之间的友谊肯定已超出别人一截，否则他不会将自己的私密之事向我们托出。

要是同事在别人嘴里听到了自己的秘密，而这个秘密只给我们说过，那他肯定认为是我们出卖了他。这个同事肯定会在心里不止千遍地骂我们，并为以前的付出和信任感到后悔。因此，不随意泄露个人隐私是巩固同事友情的基本要求，如果这一点做不好，恐怕没有哪个同事敢与我们推心置腹。

尽量避开私人问题，也别议论公司的是非长短。当我们议论别人时，可能这把火最终会"烧"到我们头上，那时再"灭火"就会显得很被动。一定要牢记这句话："静坐常思己过，闲谈莫论人非。"

用不伤和气的方式捍卫自己的利益

你是否有过以下经历？一天，一位与你稔熟的同事向你提出建议，一起帮助上司整理历年来的会议记录。虽然此举会增加工作负担，但却不失为一个表现自己的好机会。你对于这样的提议大表欢迎，甘愿每天加班完成额外的工作，没有丝毫怨言。可是，你怎么也想不到，对方竟然把全部功劳归为己有，在上司面前邀功，结果他获得上司的提拔，而你白干一场。

一开始，你还不太在意，渐渐地，连其他同事也看不过去，谣言开始满天飞，令你再也难以忍受这一切。

这时候，如果你公开表示不满，只会把事情弄得更糟糕，给某些不怀好意的人更多挑拨离间的机会，得不偿失。

向上司投诉以表明态度也不是妙法，这样容易变成"打小报告"，人家只会以为你"争宠""妒才"，甚至是"恶人先告状"，无端留下坏印象，错上加错。

对于自己做出的成绩，除非你打算继续坐冷板凳，蹲在角落里顾影自怜，否则，每当做完自认为圆满的工作后，要记得向上司报告，别怕别人看见你的光亮。当有人来抢夺属于你的功劳时，也要坚决捍卫自己的利益。

一般来说，我们可以选择这样的方式来捍卫自己的利益。

1.抢先提出想法和创意

很多时候，我们在不经意间提到的想法和创意很可能会被同事拿去用。一旦等他们用后再去和上司说，就迟了。所以，我们一定要注意，有什么好的想法和创意，不要随意说出，先想好，有了十足的把握就去和上司谈。

2.用短信澄清事实

当然，首先写的短信不能有任何坏的影响，短信内容一定不能让对方不悦。写短信的主要目的是委婉地提醒一下对方，自己当初随意提出的想法，是怎样演变成今天这个令人欣喜的结果的。在短信中适当的地方，可以写上有关日期、标题，可以引用任何现有的书面证据。

在短信的最后，可以建议双方进行一次面对面的交谈，这是很重要的，这能让我们有机会再次含蓄地表达我们真正的意思：这主意是我自己想出来的。

3. 不着急和他人争功

不着急和他人争功，并不是不争，而是要找准时机。

争功前，必须考虑清楚打这场"争夺战"得花费多少精力。如果这场"争夺战"会使我们疲惫不堪或者让上司生气，让他们纳闷为什么我们不能用这个时间来做点更有意义的事情，那么退出"争夺战"显然是上上之策。

和"密友"同事保持安全距离

与同事关系再密切，彼此之间也应保持恰当的距离。知道别人太多的过去，会让自己陷入危险之中。

当很多同学还在为工作发愁的时候，小方已经稳稳当当地坐在某大公司的某个小方格里开始他的职业生涯了，他受宠若惊且异常兴奋。小方是怀着对力荐他的顶头上司十二万分的感恩之心到公司报到的，所以他暗暗发誓一定要好好干。

他们组有个女孩与小方处得非常好，工作上他俩常能保持意见一致。他们的友情也不断深化，发展到了各自的私交圈子，他们对彼此的男女朋友也都十分熟悉。女孩有时会和小方的女朋友一起逛逛街，小方偶尔也会和女孩的男朋友打打球。有时四个人还坐在一起搓麻将，公司里的其他同事都特别羡慕他俩能有这么好的关系。

但这种融洽的关系却在有一天出现了难以弥合的裂痕，起因是公司里新来的副总经理。女孩从见到他的第一眼起，就表现得很不自然，副总经理也是，两人坐在那里，一句话也不说，气氛十分微妙。下班时，平时和小方一同坐车回家的女孩突然"消失"了，之前即便临时有事，彼此也会先打个招呼。小方问了门口的保安，保安说女孩是和副总经理一同出去的。

第二天，女孩红肿着眼睛来上班。下班路上，没等小方开口，女孩就主动和盘托出：副总经理是她大学时的同学，他们曾经谈过恋爱，后来因为副总经理去了美国留学，于是两人断了往来。副总经理有过一次失败的婚姻，再见女孩时，有了和她再续前缘的想法。说着说着，女孩忍不住掉起眼泪来。

小方和女孩就这件事进行了坦诚的交谈，但是没想到的是，自从那次之后，女孩和他渐渐疏远，也许是后悔让他知道了这个秘密。终于有一天，女孩开始在同事面前说小方做事常常偷懒，完不成的任务都要她帮他顶着。

上面的故事可能会引发很多人的深思。小方知道了女孩过多的秘密，这让小方尝到了苦头。

职场中的人际关系非常微妙，彼此既非亲密无间，又熟悉无比。同事之间存在着一个最佳距离，保持这个距离，才能为自己营造一个良好的职场人际空间。

和同事之间，亲昵而不可交心，熟稔而不可无间，过亲或过疏都不是好的选择，要把握好这特殊的"熟人"关系。千万不要与同事有过密的交往，假如我们对同事知根知底，一旦风向有变，我们立刻就会成为同事的重点防范对象。别人的伤心史，能不听就别听，更不要滥施同情。我们同情对方，说不定对方转眼间就会为自己的一时脆弱而后悔，甚至转而恨起我们来。人通常会在自己脆弱的时候寻找倾诉对象，但是如果我们知道太多别人的往事，别人可能就会非常后悔，还会找机会给我们使绊子，让我们后悔都来不及。因此，与同事，特别是那些有过多"情史"的同事相处，最好停留在"今天天气不错"的层次上，这样才能保证我们的安全。

面对中伤，保持冷静

在和同事交往的过程中，如果有人公开揭露我们的隐私，嘲笑我们的缺点，甚至公然侮辱我们的人格，此时我们是恼羞成怒，立即反击和辩解，还是保持冷静，不急不躁，积极应对，有力反击？

当众受到侮辱或攻击，愤怒是不能解决问题的。情绪失控时，头脑更不清醒，更难找到摆脱困境的方法，我们要的是保持冷静。

冷静可以使我们从对方的攻击中找出不符合事实、不近情理之处，抓住他的漏洞，分析他的目的，然后采取对策，予以反击，使自己从被动转为主动。

曾获奥斯卡最佳男主角奖的保罗·纽曼，从影早期拍过一部失败的影片——《圣杯》，他的家人毫不客气地把它评为"一部糟糕的影片"。后来，洛杉矶电视台突然决定在一周内重新放映该片，这显然是有意让保罗·纽曼难堪。

保罗·纽曼经过冷静思考后，决定先发制人。他在颇有影响力的《洛杉矶时报》上连续一周自费刊登大幅广告："保罗·纽曼在这一周内每夜向你道歉！"此举轰动美国，保罗·纽曼大获全胜，他不仅未因此出丑，反而得到绝大多数人的同情、谅解，从而声誉大增、好评如潮。

保罗·纽曼的胜利取决于他的冷静、诚实和勇气。他既没有暴跳如雷，也没有萎靡不振，而是保持冷静，仔细、认真地分析面临的困境和挑战，找到方法，然后奋起反击。保罗·纽曼公开承认自己过去的失败，非但丝毫无损于他的形象，反而使令他难堪之人陷入被动的境地。

反击的方法多种多样，但最重要的是诚实和勇气，敢于当众承认失误的人，人们会对他产生敬意。如果对方再抓住不放，定会受到大众的指责，这时再反击，力量会更强大。保持冷静不仅可使我们自身避免受辱，还会使别有用心之人处于狼狈的境地。

不做人人都能捏的"软柿子"

在职场中，我们需要保持低调，但是也要有个性，不能成为人人都可以捏的"软柿子"。

泰德是某公司员工，由于他是从外地应聘来的，所以在工作中处处小心，事事谨慎。他对每位同事都毕恭毕敬，就算偶尔与同事发生小摩擦，也从不据理力争，总是默默走开。大家都认为他太老实、太窝囊，于是便都不把他当回事，以至于在许多事情上泰德总是吃亏。想起两年来同事们对他的态度，尤其是在奖金分配上自己总是吃亏，泰德感觉很委屈。于是他开始反思自己为人处世的方式。

有一天，办公室因一位同事擅离职守而丢了东西。这位同事便将这件事嫁祸于泰德，说是泰德代他值的班。经理在会上通报这件事时，泰德马上站起来说道："经理，你可以查一查值班表。可以清楚地知道根本就不是我值的班。经理，是有人别有用心想让我替他顶罪。并且，我要告诉大家，我们在一起共事也是缘分，我本不想和大家争来争去。但以后，谁要再像以前那样待我，对不起，我不会再客气了。"

这件事后，泰德发现同事们对他的态度有了明显的转变。人和人之间是平等的，竞争也是如此。所以，想要在办公室里被别人平等地对待，就不能懦弱，否则，我们就会成为别人欺辱的对象。

在上司眼里，一个连自己都保护不好的人，肯定无法胜任重要部门的工作或担任主管职位。所以，怎样才能不因老实而成为别人欺凌的对象是一门重要的学问。有的人之所以受欺负、刁难，往往是因为他们软弱或办事能力较差。要改变被人欺凌的现状，我们必须强硬起来，与欺凌我们的人抗争。除此之外，还要提高我们的业务能力。

有些人认为"吃亏是福"，吃点小亏没什么，用阿Q精神来安慰自己。但是，在竞争激烈的职场中，这种想法有时候是行不通的。我们应提高自身修养，提升业务能力，用实力反击职场霸凌。进攻才是最好的防守。一味忍让，不断降低自己的底线，总有一天会被别人彻底击垮。

只有主动出击，改变"攻守"之势，才能做到真正的防守。等我们在职场中树立起威信，展现出魄力，我们就不会是受气包、出气筒，上司也会对我们刮目相看，我们的前途自然就不可限量了。